懿言嘉行

名班主任工作艺术漫谈

陈瞻 编著

参编人员

黄艳丽　刘　洋　姚晓昕　曾雪娜
曾晓伟　娄万生　王麦斌　丁旭东

中国海洋大学出版社

·青岛·

图书在版编目（CIP）数据

懿言嘉行：名班主任工作艺术漫谈／陈瞻编著．—青岛：
中国海洋大学出版社，2022.6

ISBN 978-7-5670-3201-9

Ⅰ.①懿… Ⅱ.①陈… Ⅲ.①班主任工作—研究
Ⅳ.① G451.6

中国版本图书馆 CIP 数据核字（2022）第 110672 号

YIYAN JIAXING　MINGBANZHUREN GONGZUO YISHU MANTAN

懿言嘉行——名班主任工作艺术漫谈

出版发行	中国海洋大学出版社
社　　址	青岛市香港东路23号　　邮政编码　266071
网　　址	http://pub.ouc.edu.cn
出 版 人	杨立敏
责任编辑	董　超
订购电话	0532-82032573（传真）
印　　制	青岛国彩印刷股份有限公司
版　　次	2022年6月第1版
印　　次	2022年6月第1次印刷
成品尺寸	170 mm × 240 mm
印　　张	14
字　　数	207千
印　　数	1—1000
定　　价	52.00元

发现印装质量问题，请致电0532-58700166，由印刷厂负责调换。

序言

2020年8月，青岛市陈瞻名班主任工作室正式成立。承蒙诸位专家、前辈和同事的大力提携与帮助，工作室在短短的两年内，如同一个孩童，从呱呱坠地，到咿呀学语，再到蹒跚学步，充满了成长的欢乐。一群充满激情与智慧的班主任，揣着诚挚心，怀着浓浓情，在山高水长的教育旅途中，志同道合，携手共进。

教育是一门科学，更是一门艺术。班级管理需要科学，更需要智慧。本书是青岛市陈瞻名班主任工作室团队全体成员在班级管理工作中的教育理念和方法的实践探索，讲述了团队成员在班主任工作中有情怀的教育故事、有智慧的班级管理、有温度的主题班会和有深度的教育案例。书名中的"懿言"指美好的言论，"嘉行"指善和美的行为，"懿言嘉行"即有教育意义的好的言语和好的行为。

编写本书是个令人享受的过程，书中不同的内容、相异的主题，独特的视角、新颖的观点，理性的分析、缜密的论证，现实的关照、温情的表达，集中展现了班主任工作的艺术。本书注重时代性，研究和解决了一些当前教育形势下的新问题；注重实践性，以一线教师的案例分析来提高班级管理工作的实效性；注重艺术性，将班级管理工作当成一门艺术去探究。无论是思考还是实践，无不启发着我们去思考教育的意义。这本书让我们"遇见"，从而开始一场德育的心灵之旅。

感谢一直以来给予工作室理念引领和实践指导的专家们，感谢一直以来心怀敬畏、且行且思、懿言嘉行的团队成员们，感谢他们始于理想而不空谈理想，始于情怀而不止于情怀，找对的人，做对的事。在班级管理研究方面，路漫漫其修远兮，我们一直并肩同行。

陈　瞻

2022年7月

于山东省青岛第五十八中学

目录

教育随笔

家校合育

班委会与家委会建设指南

山东省青岛第一中学　曾雪娜

一、班委会领跑指南

班集体成员：任课老师、班主任、班委、课代表、家委会、其他所有学生。

引导学生坚信：学习上最值得信任的人是任课老师。

班委：大事系统做、小事坚持做、难事汇报给班主任。

班级活动部署项目化：时间、地点、分工、具体负责人、效果、需要班主任提供的指导。

《班级公约》落实规范化：时间、地点、事件、当事人记录、签字、解决措施。

班委会常态化：议题、方案、效果。

值日班长巡视有效化：切忌"五个零"。

班级纪律委员会：提醒在前，公正严格，周周反馈，寻求提升。

有制度：班级根据《班级公约》进行管理。

有量度：量化是用于反馈提高的数据化工具。

有温度：为别人着想和付出是更高的层次。

重视班级风气教育：抓住教育契机。

班级的"眼睛"：班委互相监督、激励，重视树立榜样。

学科建设重任：课代表带起精锐队伍。

家校共育：家长负责倾听孩子心声并正面引导，老师对学生进行感恩教育，引导学生体贴父母。活动形式有家长会、亲子交流会、元旦晚会、志愿服务、社会实践、研学、家长课堂等。

二、班委会建设研讨会

1. 谈一谈自身的价值与影响力

你是班级"红人"吗？为什么"红"？为什么"不红"？

要有人格魅力，彰显示范效应。其身正，不令而行；其身不正，虽令不从。作为班级运行的中流砥柱、班级力量的凝聚者以及班级冲突的缓冲者，班委至少在某一方面要有影响力，成为其他同学的榜样，并持续将这种示范效应凸显和放大。

2. 优化、维护《班级公约》

你能熟记《班级公约》吗？你负责的部分有无困难？是否还能再优化？

班委工作的执行需要一整套班级制度的支撑，这些班级制度由全班共同制定并在班会上表决通过。《班级公约》有强化学生自我管理意识的作用，更是班委开展工作的前提和底气。制定《班级公约》很重要，监督与执行同样重要。

3. 说话掷地有声，有布置并有回应

事务布置之前你对落实效果有预设吗？你能表达清楚、完整吗？有重点、有补充吗？

班委不是"跑腿侠"，更不是"传话筒"。布置大小事务应先立好规矩，工作才能更好地开展。凡事自己心里有把握后再布置到班级，切忌话讲一半、重点不明、底气不足。有感情地对话，同学们才会记在心里。有重量地宣布，同学们才会落实到位。

4. 班委影响着全班的未来

你知道班委有多重要吗？

班级工作任务光荣而艰巨。上了高中就一心一意地把书读好，将来考一所好的大学，其他的事情不参与，这种想法非常片面。即使你个人再努力，离开了好的学习环境，也不可能达到梦想的目标。如果你害怕所在的集体不够好，不要等天上掉馅饼，也不要去抱怨，而要去改造它。个人能力不仅要靠书本知识培养，还要靠日积月累地去实践。

5. 班委要兼修学习、素养，才会比别人走得更远

你的成绩在进步吗？

浏览一下每年介绍各地优秀考生的文章，他们很多都是班里或者学校的学生干部。成功对一个好班委而言只是时间长短的问题。

6. 简单的事就不要复杂化，动脑子可以帮我们减负

你有魄力吗？你有感召力吗？哪件事让你感觉到班委工作琐碎且令人焦头烂额？

拿出一份你的岗位工作计划，这个计划由你全权负责实施，要监督实施过程和结果，调动全班的积极性来支持你所负责的工作。学会面向全班同学讲话，学会组织集体活动，学会对同学的表现进行总结、表扬、鼓励。现在做好班委工作，未来才能做好其他工作。当然，要从严要求自己、以身作则，只有这样，讲出的话才有感召力。

三、家校合作动员

一个假期抓不好，就能让一个班级溃不成军。每年开学，老师都会观察到一部分学生忙于处理假期作业的"尾巴"，这样会透支精力，难以在新学期取得突破性的成绩。我常常在想，假期连作业都没写完的孩子，有多少是已经把复习、落实、巩固安排到做作业前面了呢？又有多少人失去了落实上学期所学知识的机会呢？如此，假期布置的学习任务便失去了有效性。

不积跬步，无以至千里。道理都懂，能做到才是真本事。大道至简，多少人三年后回头才能真正领会。假期是"弯道超车"的好时机，高考时高手如云，别变成被超越的那一个。

可以看出，学生周末、假期一回家，差距就大步拉开了：自控力强的学生能按要求很好地做完作业并按学科梳理整齐，一回校就逐一上交，开始新计划，然后预习新知识，使后续学习更轻松。不少学生还会自己做额外的练习题，在这个过程中信心倍增，有条不紊，不骄不躁。这就是榜样！可有的学生作业根本补不完，哪还会有时间复习和预习？他们有的放弃，个别人草草做题甚至抄作业，学习效果大打折扣。接下来，恐怕就是很久都调整不过来的紧张情绪和慌乱状态，从而导致脑子跟不上行动，出现一些小漏洞。

大家一起学，团结一心，比学赶超，才能走得更远。无论之前成绩如何，现在行动，为时不晚。

希望学生们不负爱他们的人的期许，也不辜负自己。

平庸简单，成功万难。我们能做的，就是鼓励学生抓住时间，立即行动。

四、班委会和家委会建设心得

要关心班委的思想动态和人际关系。班委与其他高一学生一样，有思想波动也是正常的，但如出现不良思想波动继而引起行为偏差，带来的负面影响远胜于其他同学。

要培养班委与家委的主动工作能力和合作意识。创设条件把班委、家委推到班级工作开展和班级活动组织的"前台"，适当引导，适度放手，适时协调，让他们尽情施展个人能力。

要帮班委、家委树立威信，塑造形象，完成从制度管理向智慧管理的转变。坚持原则、秉公办事是班委工作的基本方法，是他们威信之所在，一定要对同学们一视同仁，处理问题要公平、合理、透明。

择一路启航　共乘风破浪

山东省青岛第一中学　曾雪娜

很多高考失利的学生，不是没有能力，而是角色定位不准；不是没有理想，而是推进策略不当；不是没有毅力，而是学习方法不妥；不是没有好习惯，只是没有一个好开始。高中是人生的一段重要里程，高二分班后定好基调非常关键，在这个时间点上开展人生规划与职业体验教育，抓住学校课堂、把握社会课堂尤为重要。我们也希望通过这种方式使学生们少走弯路，加足马力，择一路启航，共乘风破浪。

【背景】

新班级组建后，学生往往满腔热血，斗志昂扬。但是，学生的自我定位非常模糊，缺乏自己的规划。因此，分班后需要对他们进行人生规划与职业体验教育，引导他们进行自我定位：第一，通过职业生涯规划教育，提前规划高考后要选的专业。第二，通过发展规划，使学生对自己的每一步心中有数，知道怎么走是坦途。

【内容】

主要以班会、跨级部交流、家长讲堂、课外素质拓展等平台为载体，结合班主任的专业指导，层层推进，环环相扣，最终回归到学生对自身的规划和思考。我们设计了以下四个环节：第一，职业方向规划主题班会；第二，家长职业讲堂；第三，学长经验讲座；第四，《高中规划书》设计交流会。

我们采用寓教于乐的方式，利用好课堂内外两个阵地，使学生不再是单纯地接收信息，而是在班会教育和家长、学长讲堂中通过主动思考，再综合个人因素（兴趣爱好、性格特征、能力特长、价值观等）和社会因素（家庭因素、教育因素等），培养自我认识、职业探索、生涯规划与决策能力，产生自我心理预期，并对高中的生活和学习产生清晰的认知。

【理念】

我们强调以"丰富多彩的活动形式"让高中生更好地认知自我，认知发展道路。第一，职业生涯规划教育就是让中学生尽早认识自我、认识职业、认识教育与职业的关系，根据自己感兴趣的职业目标，从知识、技能和综合素质方面锻炼自己的职业竞争力，尽早为选择高考科目打好基础。第二，高中职业生涯规划教育是防止职业规划教育架空，更应该提早关注，使学生对高中生活的认知更完整。

【预期目标】

课程结束之后，学生能够对自己未来的职业进行思考，发掘自己的内心，提高自己选择高考科目的能力、高考后选择专业的能力，提前对自己的职业方向进行规划，有意识地去了解社会职业类别及其发展状况。对于班主任来说，入学后深入了解班级学生自我认知的程度和学习的目标，对于更有针对性地指导学生有重要意义。

【实施过程】

课程分为四部曲，简述如下。

1.职业方向规划班会

引导学生对主、客观因素进行分析，正确认识自己的个性特质，发现自身现有与潜在的资源优势，评估个人目标与现实之间的差距，指导学生运用科学的方法采取可行的步骤与措施，有针对性地学习，有阶段性目标，参加各种相关的培训、学习和实践，充分发挥长处，努力克服弱点，挖掘潜在能力，不断增强竞争力。班会包括以下三项内容。

第一项是"职业兴趣岛测试"，利用霍兰德职业测试帮助学生对未来职业方向提早做好准备和规划。它的具体内容就是将霍兰德代码的六种个体类型比喻成岛屿，通过选择岛屿，洞察自己真正的个体类型归属，匹配自己所喜欢和不喜欢的职业内容，帮助自己把握好职业定位和方向。

第二项是"职业价值观拍卖"，征集学生对人生的期许作为价值观竞拍品，让每组学生有一定数量的生命资本，从"权力、健康、学历、友情、科研、稳定收入、创业、救死扶伤、艺术浪漫、独立意志、好的工作氛围"等众多职业价值观中选择拍品竞拍。以模拟拍卖的形式感受人生选择，可以锻炼决策能力，让学生学会去思考和主动争取自己的人生。

第三项是"家庭职业树与家庭期许"，让学生画出自己三代亲属的职业，并在小组内进行讨论，谈谈自己家庭成员从事最多的职业以及对各个职业的评价，从而了解家庭对自己职业选择的影响，初步树立切实可行的奋斗目标，与班主任沟通想法。

2. 家长职业讲堂

推出系列家长讲堂，或邀请家长到班里做客，或组织学生到实践基地参观学习，或采取线上直播课的形式，调研学生在职业规划中感兴趣的方向，围绕职业前景、社会责任、全球视野、科学素养和人文精神等主题组织讲堂。同时，班主任给出合适的指导，丰富学生的职业认知、精神文化高度，帮助学生拓宽视野。

例如，我们根据班级学生生物、化学方向的职业兴趣，每月安排一次职业体验相关的讲堂，如"海洋科考 逐梦深蓝"海洋科考讲堂、口腔医院展厅讲堂、报社人文社科讲堂、自来水集团污水处理化工讲堂、"美丽中国"海洋地质局海岸带地质环境研究讲堂、青岛炮台山革命遗址历史讲堂、"中国航天日"讲堂。家长职业讲堂上，主讲人们侃侃而谈人文社科的魅力，畅谈眼中的航空航天事业，分享海洋科考的传奇经历，解读革命历史。

这样的职业讲堂，不仅能拓宽学生的视野，更重要的是，讲堂中体现出的事业心、爱国心能够激起同学们的奋斗之情。相信在未来的学习和工作道路上，莘莘学子将秉持初心、追求梦想，未来也会意气风发地投身于祖国建设。

3. 学长经验讲座

心中有了目标，该如何付诸实践呢？班会时我们邀请高年级在读学生、优秀毕业生以及上海交通大学、华东师范大学等名校毕业生与学生交流，传授宝贵经验，激励学生学习，并与学生轻松互动。我想，这样的交流更真实、更有趣，是学生所需要和期待的。

4.《高中规划书》设计交流会

学生依托学校提供的《高中规划书》模版，从"兴趣爱好""个人能力""家庭期望"等方面充分考虑自己希望达成的预期目标。班主任优化可行性方案，筛选出五位同学并制作PPT与同学们分享交流。

在与每位学生交流结束后，班主任要针对规划提出建议，并让学生畅所欲言想要达到预期结果平时应该付出怎样的努力，以使他们未来做得更好。引导学生思考自身规划的过程实际上就是教育学生养成良好习惯的过程，能够激发学生的进取心。最后，将学生规划中的精彩之处制作一期班级宣传栏，鼓励学生为之努力。学生投票选出最佩服的规划，奖励班级中的"进取榜样"。

【活动反思】

高中学生面临着选课走班的重要抉择，更面临着进入高等教育或进入社会的现实选择。如何在这个阶段设计好自己未来的角色并规划实施措施，对个人发展至关重要。规划教育的意义就是提高学生认识社会、适应社会、服务社会的能力，掌握自我认知、自我设计、自我修炼、自我管理、自我提升的方法与技巧，以最高的效率、最佳的方法，设计、选择自己的人生之路。

【结语】

高中是一个育梦、筑梦、逐梦的地方，良好的开端至关重要。要从入学就出发，以分班为契机，以学生为中心，依托丰富、创新、有实效的班本文化，借助班主任的引领，循序渐进地引导学生找到拼搏的方向感、成就感、使命感，形成积极向上的价值观念。

高三之路

山东省青岛第五十八中学　王麦斌

　　第一次接手高三毕业班，封主任就对我们几个青年教师说，高三不仅对于学生是特别关键的一年，而且对于每个学生的家庭乃至社会而言都是有巨大影响的，因此无论是班委的选拔还是班级制度的设立，无论是日常管理还是班级文化建设，都应该比基础年级有更加严格的标准。

　　向高三班主任团队请教后，根据我校学生管理规定，我在开学前给家长写了一封信，一方面介绍了我们新的协调组教师队伍，另一方面重申了返校后的时间安排、服装要求、手机要求等，首先和家长达成一致意见。

　　在班委管理方面，根据老教师的指导，我对学生的日常工作提出了更加严格的要求。我们成立了1604工作小组，也就是2016级4班工作小组。工作小组成立的灵感来源于大学时代学生组织的监察小组，一开始我们就提出1604工作小组是凌驾于班主任之上的管理团队，工作小组里面有组长、副组长和组员，我在里面担任副组长，后来他们说我是最大的被监督者，于是撤销了我的副组长一职。班级的座次调整、班委调整、班会主题基本上由他们决定，这样学生可以更好地自主管理、自主服务，更加敢于发声，老师也能和学生更好地相处并了解学生的动态。

　　除此之外，在班级管理方面，我们以学校量化为抓手，制定了班级学习小组管理章程，同时参考日常学生跑操请假率和学生参赛获奖情况对学生的日常表现用分数的形式予以体现。家长会上我们发给家长的不仅有成绩条，还有学生的量化条，而且每一项分数的加减都有记录可以查询。为使学生重视量化分数，我把它纳入了期末的评奖评优里。当然，在投票过程中为简化传统写票、唱票方式，我们借鉴了全校民主评议中涂卡的投票方式，这样从投票到阅卡出结果可以很快完成。最后工作小组根据总分排名给学生授予相应的荣誉称号。

霍松利老师是我们班的化学老师，也是当时3班的班主任，他经常会告诉我一些班级管理的小技巧，也会经常给学生开个小班会，他说只要班级各项工作规范，班级一定会发展得越来越好。对于勤奋刻苦的同学，我喜欢拍下照片放在教室电脑上让学生去看，有教室里独自一人奋笔疾书的身影，有宿舍里埋头苦读的模样，有校史馆组团学习的场景，有午饭时讨论问题的激情，更有大课间的楼道里10班女生争分夺秒看书的专注，也有早自习时10班的"疯狂学习"。通过这些资料，学生们或许能够知道学校中有比自己更加努力的同学。在级部的要求下，学生的整理本、试卷甚至草稿纸和考后反思都变得更加规范。每次考试后封主任都会将成绩条发给各班班主任，以便学生进行对比。除此之外我给每个学生制作了成绩变化趋势图，让学生更直观地看到成绩的变化。

我的班主任工作师傅江慧妮老师曾经告诉我，激励对于学生的作用是非常有意义的。于是我根据每个学生的目标大学给他们每人制作了一张卡片并打印下发给他们，里面包含大学的简介和近几年的录取分数。每次考试结束后，我们都会举行颁奖仪式，其中颁奖嘉宾可能是同学或老师，也可能是家长。

为了丰富学生的学习生活，感受学校的人文关怀，我和许多老师一样每月都会给班级同学过集体生日，一起吃蛋糕、吹蜡烛，一起唱生日歌。我们累了也会停下来一起在班里看电影或其他视频，也许是感人的《我不是药神》，也许是欢乐的综艺，也许是学长学姐的加油视频，有爱国的，有感恩的，也有鼓励他们努力学习的大学宣传片。

他们还自己设计了班服、班旗和班徽。班徽标志的设计中，4就是4班，我的名字中有个"麦"字，很多学生叫我小麦，于是有了周围的麦穗；麦穗上一共有34颗麦粒，象征着高三4班，每个麦粒的大小和形状都不一样，象征着高三4班是一个包容不同个性和梦想的大家庭。

把普通的工作做到极致就是不平凡，把日常的工作做到更加精细也是每一位五十八中老师所践行的准则。我们有节假日学习和活动要求，例如高三寒假时我们根据"十个一"的内容，开展了"今天我反思""今天我演讲""今天我当家""今天我工作"活动，学生们不仅对自己每天的学习有了认识，也勇敢地站在讲台上分享自己的故事，更学会了做四菜一汤和包饺子，也体验了一把早上六点半上班到天黑下班的辛苦。

学习这件事重在有内驱力，学生的内驱力也许来自学校部署的班会，也许来自给家长的一封信，也许来自除夕夜让家长帮忙转交给学生的红包，每个学生的红包里我都写了一张贺卡，或祝福或期望，同时那张崭新的五元钱代表能力无穷无尽。

家长寄语让学生们哭过后，学生们的被动接受也许就变成了主动承担。

任高三班主任一年的时间里，遇到过各种各样在基础年级没有遇到过的问题，无论是生活上的小插曲还是学习上的压力，很荣幸4班的学生们都愿意找我倾诉。春节过后，每个奋笔疾书的晚自习，基本上总会有学生和大他们七岁的老哥哥与星辰相伴，相约在操场，一起走两圈或跑两圈，老哥哥谈着他的学生时代和理想，学生谈着自己的目标和未来。静悟期间，每每两节晚自习后的大课间，老哥哥总会带着他4班所有的弟弟妹妹们到操场的跑道上，有说有笑，有走有跑，只为缓解闷热教室所带来的困意和临近高考的烦躁。

高三一年，遇到过很多难忘的学生。其中一个学生的成长让我真正感受到教育最大的意义和价值。他实际上高二就被分到我们班了，也是我们班协调组比较头疼的一位学生。据说他中考前努力学习了一个月就以超录取线9分的成绩考入了我校，进入高中后就开始放任自己。在家的时候他喜欢打游戏，在学校他总是写不完作业，总喜欢跑到校外吃饭，总喜欢先观察下我在哪儿，然后决定怎样玩才不会被发现。他早上也总会迟到，我总是开玩笑说自习时只要他到了，全班应该就到齐了。对他的自由散漫我自然少不了批评和唠叨，有时候他在路上见了我甚至装作没看见，此情此景，我还是挺难过的。他说："老师，你放弃我吧，我真的不想学了。"我告诉他："只要你一天在我班里，我就不允许你掉队。"从家长那里得知他有一个一岁多的弟弟，我就用周围的例子告诉他作为哥哥，对家里的老二影响是多么大。渐渐地，他再也没有机会把饭钱省出来买手机和到校外吃饭，因为每周他的生活费由我替他充到饭卡里。他再也没有机会在自习的时候偷偷溜出去玩，因为我跟他说："你被我盯上了！我除了在宿舍就是在办公室，会随时过来瞅瞅你。"他再也没有机会不写作业，因为他所有科目作业每天早上我都会查一遍。他再也没有机会迟到，因为我安排他担任室外卫生检查员，每天和我一起检查我班卫生区。高三一年，我给他家长打电话的次数比往自己家里打得都多，给他家长开小型家长会的次数比回家的次数都多。拍毕业照那天，他突然对我说："老师，咱们抱一下吧，谢谢你的严格要求，我理综考了快240分了！"那天，我感觉自己的付出值了。高考前他的家长曾说："感谢两年来您为这个孩子操的心，幸亏碰上您，幸亏您一直没有放弃他。"高考后他的家长也曾说："感谢您一直对他紧抓不放，从不放弃。您考场外与孩子紧紧握手、深切鼓励，我在场外看得热泪盈眶，这一幕将永远铭记在心，谢谢您！"这些感谢，都抵不过他居然以我为榜样，成为一名省属公费师范生，立志要去把像他当年一样的学生教好。他对我说需要帮忙随时叫他，还说想回学校看看我。突然间，我感觉一个调皮的男孩长大了，我看到了当年的自己。教书三年，这也许是我最大的成就吧。

担任高三班主任这一年，感谢4班协调组公德华老师、张玉良老师、刘佳文老师、任晓涵老师对我这个懵懂老青年的宽容、鼓励和指导，感谢备课组我的教学师傅王维娟老师对我认真耐心的指导，感谢王洪娜老师、孙登照老师、高娜老师对我无私的帮助，感谢高三班主任团队、高三级部和学校领导对于高三4班的支持，感谢学生在我生日时那感人的贺卡。我们获得过一项项荣誉，但是那些都已成为过去，未来的日子里，进入大学的他们和他们的"小麦"依旧会全力以赴。

很荣幸遇到这么一群人，他们坚持在学校陪伴学生，在晚自习时也会时不时去宿舍看看，他们从来都是相互帮助、相互分享。犹记得张传志老师的提议掀起了家长走进高三楼的高潮，也让我班家长参与到了我们的"我还能陪孩子上几次自习"活动中，学生送给家长的小礼物体现的是感恩，家长的留言体现的是对孩子的关爱。有人说，素质教育就是离开学校也忘不掉的那些东西，这也许就是那么多五十八中学子为什么毕业后还心系母校，写下"感恩母校"的原因吧！

我校是山东省唯一一个获得全国文明单位和第一届全国文明校园的"双文明"学校。2019年，我校高考自招达线率超过97%，更有一大批学生考入北京大学、复旦大学、中国人民大学等名牌大学，青岛市文科状元更是花落五十八中。前几天参加卡内基培训的时候主讲老师说，当一个人的内部变化跟不上外部变化时，他就会很快被淘汰。在五十八中飞速发展的今天，我深知自己能力的不足，我要学习的东西还有太多，但我知道所做的工作哪怕对一个学生起到了作用，我们也要持之以恒。相信在我们五十八中人的努力下，我校工作一定会更有层次、更有品位、更有创新、更有实效。

心有山海，你我便是远方

山东省青岛第五十八中学　丁旭东

自进入五十八中以来，我一直担任班主任，在学校领导的支持下，所带的2020届12班以及2021届的11班，均实现了"最牛高考班"目标，有一大批同学被中国人民大学、浙江大学、南开大学、北京师范大学、上海财经大学、香港理工大学、中央戏剧学院、中国传媒大学等大学录取，"985"录取率达到50%，"211"录取率接近70%。我有一些认识和体会，现向各位老师汇报。

一、心怀真诚，做好学生未来发展的引路人

2020年8月，在2020届录取工作还未完全结束的时候，根据学校安排，我接到了通知，担任新高三11班的班主任。这对我来说是不小的挑战，一方面是学校的信任，另一方面也是家长和学生渴望出成绩的期待，时间非常紧张，我快速转变角色，加强对新班级的了解和建设，具体做法如下。

1. 明确每个学生的高考之路，着手为每个学生制定发展规划

我一直在思考如何调动每个学生的主观能动性，引导他们做好个人发展规划，让每个学生都能感觉到有希望、有未来。针对学生的情况，我通过调研谈心、家校沟通、向老教师请教等方式为每个学生制定了属于他们自己的发展规划。最终，同学们明确目标的速度很快，班级情况就很明确：艺术高

考15人，文化课高考37人。

2. 一针见血地剖析班级发展障碍

通过个人观察、与学生和任课老师团队沟通等途径，我发现班级发展有以下问题：第一，艺术生较多，部分学生对未来举棋不定，心气不足；第二，过分依赖课外补课，学期开始，有近一半的学生请假补课，上自习的学生不超过20人；第三，家校沟通需要加强，部分家长面对学生成绩不佳的情况，略有慌张，明显的表现就是试图用辅导班解决所有问题；第四，学生高三意识不足，偏科较重，不够珍惜时间，陷入"学了就忘"的怪圈。

3. 第一时间的一次聊透了的家长会

了解班级情况之后，任务就很明确，我必须建立强有力的家校联系，必须取得家长的信任，这样班级工作才能顺利开展。于是在9月初，我就召开了第一次家长会，从晚七点一直讲到了晚九点半，开会之前，我就建议家长们保持耐心，以聊透为主。

在家长会上，我邀请了考入中国人民大学和吉林大学的往届学生做了经验介绍，他们的刻苦以及高三一年未上一节辅导班的经历触动了学生和家长；在家长会上，我介绍了家委会成员并让学生为他们献花；最后环节，我让学生起立为家长鞠躬致谢，就是为让家长们感受到，五十八中的教育是先做人、后做事。最终我们达成了协定，绝大多数学生暂停辅导班，全身心紧跟学校，等到期中考试看结果再做决定。

4. 一次恰到好处的爱国主义教育班会

学生们存在学习动力不足、心气不足的问题，我觉得大多是因为学生读书的目的性不强。如果有为国读书的决心和自信，那么很多问题都可以解决。

于是在纪念中国人民抗日战争暨世界反法西斯战争胜利75周年之际，在征求了高主任和孙主任的意见后，我们和纪校长做了报备，集体去观看了爱国主义教育影片《八佰》。电影看完，学生们热泪盈眶，爱国情、强国志鼓舞我们高三学子更加坚定地"为中华之崛起而读书"！我也感觉到班级的凝聚力更强了，学生更信任我了。

5. 关注细节，做学生学习的参与者

一切步入正轨后，剩下的就是学习细节问题。针对学生"学了就忘"的问题，我建议学生午休之前一定要把上午所学的知识整理消化；针对学生回家夜自习拖拉、效率不高的问题，我建议让家长陪伴学生"20天"，第一时间在群里上传夜自习开始的照片，夜自习成了学生巩固消化一天所学的最后"堡垒"；我与学生通过分析历次考试成绩以及2020届录取情况发现：文科倾向的学生，数学是难点，但并不代表数学发挥不理想就是考试成绩不理想，政治和历史在高考中折合优势非常大，我们需要打造自己的王牌学科，而政、史、语、英就是我们的王牌学科。如此一来，学生学科之间更加平衡，他们学得更加自信，目标更明确。从2021年的高考结果以及学生的反馈看，我们前期的分析和引导完全正确。

二、百川到海，做学生高考之路的开辟者和引路人

我们的学生很优秀，但也并不是人人都可考取清华、北大，学生也可能存在基础差、动力不足、未来不确定的问题，我们需要做的是立足现实，打好自己的牌。我的目标只有一个，让每一个学生实现名校梦。我个人觉得一流高中的标签不仅是有多少人能进入清华和北大，更重要的是看有多少人可以进入重点高校。接手新班级之后，我明确了一个问题：11班艺术生的问题解决不好，班级发展会举步维艰。我有带2020届艺术生的经验，但他们基本上都是文管学生。2021年情况完全不同，15个艺术生里面，有7个学音乐的，3个学录音的，2个学美术的，剩下3个分别是学编导、摄影和服装表演的。而且客观地说，他们对我不熟悉，很多工作需要我慢慢做。我的措施如下。

1. 提升信心，树立艺考敲开名校的信心

我了解到，很多学生选择艺考是因为觉得自己文化课不够理想，不少学生将目标定为四川音乐学院、四川美术学院等院校。我第一时间为这些学生和家长专门开设班会，明确告知，就五十八中学生而言，艺考之路可以变

成名校之路，2020届李××同学进入中国人民大学就是很好的例证。沟通过后，学生们将目标定为中国传媒大学、北京舞蹈学院等顶尖艺术院校以及中国人民大学、山东大学等综合性院校。家长们也欢欣鼓舞，有了目标，就有了克服困难的勇气和决心。

2. 及时有效地沟通，不可或缺地关注

由于专业原因，很多学生这半年不在学校，但我很清楚，沟通不能断，关心不能停。于是乎，每月一次的线上班会，每月一次的电话沟通，高考报名前夕我专门录制了填报视频，还及时、有效地推送高校招生简章和考试事项，并为学生们寄出学校发放的柿子和月饼，这些工作就是要告诉学生，我们很期待他们凯旋。

3. 多方请教，全面学习

一切就绪后，还有一个很大的问题摆在我面前，就是我对美术、音乐、服装表演类的艺考之路不熟悉，再具体地说，就是不了解音乐美术类可以考哪些名校，成绩构成是多少，有无省联考，对文化课要求到底是什么。针对这些问题，我通过与上一届毕业学生沟通，寻求曹杰、邹征征、宋瑞兰、丁凤媛等老师帮助，借助"艺考精灵"公众号等途径，全面学习和了解每一种艺术门类考试的具体要求，这样就可以更加准确地指导学生的求学和报考。就目前艺考而言，重心在艺术考试，就我校学生而言，只要专业过关，就基本成功。这也从某些方面解决了学生们"艺术专业课与文化课到底该如何权衡"的问题。

最终，2021年的艺术考生发挥不错，多名学生被中国人民大学、山东大学、中央民族大学、中国石油大学、华东师范大学等综合性院校以及北京舞蹈学院、中央传媒大学、中央戏剧学院等专业院校录取，我本人也对学生多途径发展有了一定的专业知识储备。

4. 指导报考，帮助学生走好最后关口

高考成绩结束后，学生们面临报考问题，我注意对学生进行指导关心，毕竟学生的最终目的是考入理想学校。这就要求我们对政策和高校要熟悉。客观地说，我本人的兴趣爱好就是研究高校，再加上我常去参加各种各样的志愿讲座，多次与高校招生办工作人员进行沟通以及观看相关视频，这让我有一定的底气敢于去和学生沟通高校选择问题。

后知后觉地说，我也很清楚为学生进行志愿引导的巨大风险和代价，但是我想说，如果我们不去做，谁会真正地帮助我们的学生去做？我们决不做看客，而要做张灯者，要真正成为学生的"贵人"。

三、固本疏源，做学生发展前景的学科精英

要想做好一名班主任，先要尝试做好一名学科老师，不一定马上就能做好，但我们要有这个决心，要迟早做好。

2020届高三开始，我明显感觉上课不敢讲了，怕讲错，怕讲粗，怕讲乱。我很快就反应过来，我遇到了"高三墙"。面对学生高考，任何人不敢马虎，唯有教学基础扎实，才有资格为学生保驾护航。我采取的措施就是研究高考题，经过对大量高考题、模拟题的研究，我很快就找到了突破点，就语文学科而言，就是作文和文言文古文教学，而难点就是怎么真正地量化，手把手地教会学生，而不是笼统地指导。于是乎，我开始写下水文，学生写我就写，我的目的是一句一句地教会学生作文该怎么写。我跟学生开玩笑说，我的课永远是现场直播，每一个题型，我都站在学生的角度去想他为什么会磕绊，我不会做的，学生是不是也可能不会？我就是大胆地接受，决不隐藏自己也有不会的题目，偷偷加练就可以解决。将语文学科量化，让学生真的有抓手，语文学科必然会成为我校学子敲开名校之路的助燃剂和强心泵。

在学校的鼓励和引荐下，我也成为2020届以及2021届青岛市高三语文核心小组成员，成为北京王涛名师工作室签约老师，发表了关于高考作文的论文。

班级文化建设

高中班级分层管理的实践与思考

山东省青岛第十六中学　曾晓伟

　　分层管理是一种现代化的管理思想，在班级管理实践中有着十分广泛的应用，强调的是关注学生个体差异，对不同层次学生运用差异化管理方法，让学生在整个班级中找到成就感与归属感。高中班级分层管理体现的是因材施教的理念，要求正确认识学生的差异性和特殊性，在教育管理中做到扬长避短和取长补短，尊重学生的学习与成长规律，为学生提供更加广阔的发展思路和平台。

　　高中教育的快速发展对高中班主任的管理工作提出了更高的要求，尤其近几年高中生心理问题频发，来自社会、家庭等方面的压力，让学生们敏感脆弱，这给高中的班级管理带来一系列隐患。高中班主任身上肩负着学科教学重担，还承担着班级管理的重大责任。只有在班级管理工作中积极创新，促进班级管理工作的科学化，才能让班主任工作更加顺利，才能促进学生全面发展。在高中班主任日常管理工作中渗透分层管理的理念，是高中班级管理模式优化的必然趋势。

一、分层管理的背景

　　分层管理就是从实际情况出发，对学生进行有层次的管理，最大程度地发挥学生的主动性，从而密切师生之间的关系，让每个学生都能在班级中找到归属感和成就感。分层管理理念在高中班级管理中的应用有其必要性，这既是由高中生的心理发展特点决定的，也是班级管理本身高效发展的需要。高中生处于人生的关键阶段，青春期敏感又多疑、自大又自卑的复杂情绪总是交替出现。班主任作为学生的心灵导师，需要了解不同学生的不同层次的需求，并给予针对性的指导与帮助，适时地提供思想和学习的平台让他们发光发热，构建和谐的班级氛围。作为班级分层管理的有效抓手，小组化教学和管理给每位同学搭建了合作和发展的舞台，同时通过管理权限的分层，将班主任从繁重的管理事务中解放出来，充分调动了学生参与班级管理的主动性和积极性，让学生成为班级的管理者和建设者。

二、分层管理的内容

分层管理是以高中生的个体差异为基础，对处于不同层次的学生采用不同的管理措施，所以分层管理是一个动态化与层次化的管理机制。分层管理有三个层次：一是管理目标的分层。分层标准具有多样性，除了传统意义上的按成绩分层，还可以根据学生的生涯发展规划不同，对学生进行高考类别的分层，让不同学生的学习要求都能在高中这个重要的学习阶段获得充分满足。二是管理内容的分层。在分层管理理念的引导下，教师应当将班级管理工作与个人的学科教育工作结合在一起，利用学科课堂向学生渗透正确的理念，引导每个学生积极为班级建设做出贡献。管理内容分层就要涉及学生的分层。教师要从学生的学习成绩、个人性格、生涯规划等多个角度出发，将学生划分为不同的层次。比如按成绩的分层，要积极鼓励学优生带动其他学生一起进步，可成立学习小组，发挥学优生学习上的优势，将小组的发展同班级整体的学习统一起来。学生之间在此过程中获得的互助体验对于他们人生的发展难能可贵。学困生通常是班级管理的"挑战者"，"硬碰硬"的管理模式可能效果甚微，甚至会起到反作用。学困生也有上进心，也能上进，但上进的过程充满了反复。看到其进步，要适当表扬鼓励；同时应正确看待其上进过程中的反复现象，不能气馁，要想办法继续前进。中等成绩的学生在班级中占比较大，存在感相对弱些，但他们是班级发展的中流砥柱，要重视并摸索出适合他们的管理模式。除此之外，在选科走班的大背景下，在学生的管理分层上，应兼顾学生的选科组合和生涯规划，在此基础上叠加成绩的分层，这些都值得班主任用心思考和探索。总之，用不同的方式去管理不同层次的学生，这样有益于分层管理价值的体现。三是管理评价的分层。一个班级的良好发展离不开及时有效的反馈与评价，本着公平、公正的原则，应该对不同层次、不同目标的学生建立一套多维度的行之有效的评价方案，并在实施的过程中不断修正完善。比如不同高考类别的高三学生，普考类别和艺考类别的学生在同一阶段，面对相同的学习内容，对学科的预期值会有不同。所以，"唯分数论"的评价方案早已不能满足当代学生的发展需求。

三、分层管理的实施

一是做好分层的准备工作。本着因材施教的原则，充分调研学生的实际情况，根据学生的知识水平、心理特点和管理能力进行分层管理，遵循学生个性特点和兴趣爱好，科学合理地引导学生，更好地帮助学生克服问题，培养学生的自信心和积极的人生态度。

二是学习能力与德育并重。德育工作是班主任首抓的主线任务。首先，要在分层管理的模式下，培养学生良好的品格，使其树立正确的价值观，培养他们不管面临何种逆境都能迎头赶上的坚毅品质。其次，班主任要有敏锐的洞察力和判断力，善于发现、挖掘学生的潜能，根据学生的学习特长进行科学引导，促进学生的人性化发展，培养其终身学习的能力。最后，还要不断调整管理的方法和策略，让学生参与到管理方式和评价标准的制定过程中来，师生互助，共同成长。

四、促使学生学会自我管理

我国著名教育家魏书生老师提出，最好的管理就是让学生自我管理。

分层管理是一种科学先进的管理理念，也能推动教学相长的实现。分层管理理念的落实，也包括管理者的分层。班主任是班级的主要管理者，而学生作为班级的主人，是班级管理最直接的执行者。班主任要重视班干部作用的发挥，根据学生的学习与纪律、品质情况，组建一支高素质的班干部队伍，对班级内的学生进行引导与管理。利用班干部的队伍建设，将高中生的自主管理意识激发出来，给学生体现自己主人翁地位的机会，才能提高其管理自主性。做好班委的轮换制工作，让每位同学都能在合适的岗位得到锻炼的机会，这也是打造有凝聚力的班集体的必经之路。

总之，在高中班级管理中，班主任要根据学生的实际情况和需求对学生进行正确的管理和引导，按照学生的个性特点和兴趣爱好因势利导，让学生的潜能可以得到有效的发挥，满足学生个性化学习的需求。同时，班主任也要对学生进行鼓励和评价，让学生进行自我管理，从而增强学生的学习能力，提高学生的德育素养。

陶行知教育思想对班级文化建设的启发

山东省青岛第一中学　曾雪娜

一、明德教育

> 教师的职务是"千教万教，教人求真"；学生的职务是"千学万学，学做真人"。

> ——陶行知

人生的各个阶段会有各种名片，"班主任"这张名片是我最喜爱的。时光在这张名片上涂鸦，刚刚入职，我就主动进行角色转换，开始为"教人求真"进行紧锣密鼓的筹备。

青年教师应充满激情地勇攀高峰，为"开口能讲，提笔能写，问题能答，办事能成"积蓄力量。人生很长，我扎根讲台，努力完成"为生存和发展奠基"的使命，让余生缓缓盛开。学生是中心，是牵挂，要为这美好的一切努力，"将工作做到极致"这几个字值得我一生追求。

二、求知若渴

> 要想学生好学，必须先生好学。惟有学而不厌的先生才能教出学而不厌的学生。

> ——陶行知

我希望化学教育能够留给学生五彩斑斓、喷薄而出的想象力。

班级是学习与发展的大舞台，教师应注重学生实践创新能力的培养，创造浓厚的学术氛围，为学生圆梦提供良好的条件。

言传、身教、好学从班主任开始：从小事做起，不说空话，不搞形式，不计得失，认真做好自己的工作，尽力以实际行动和真诚的爱去感染学生。注重知识"因需而生"，保证知识自然生长，上好每一堂课，保证每次作业的有效性。认真选取每个习题，照顾到班级不同层次的学生，让学生收获更多。引导学生树立高考目标，多表扬好人好事，严要求、勤督查、善引导、细关照，创造良好的班级氛围。

三、目标情结

> 想自立，想进步，就须胆量放大，将试验精神，向那未发明的新理贯射过去；不怕辛苦，不怕疲倦，不怕障碍，不怕失败，一心要把那教育的奥妙新理，一个个的发现出来。
>
> ——陶行知

对学生而言，大学梦是坚定的，却也是遥远而缥缈的，看似既定的人生轨迹实则充满了机遇与挑战，需要面临很多方向性、细节性的决策，需要一个真正适合自己的大学目标和职业生涯规划，有目标才会有动力。

生涯规划和目标教育能够激起学生的壮志豪情，我希望学生在规划的引导下更好地明确自我定位，选择理想的专业，步入理想的大学。

学校向来重视生涯规划教育，班主任必须支持、参与，对每个学生的想法了然于心。我以班会的形式帮助学生确立目标，培养其学习积极性以及自我认识、职业探索、生涯规划与决策能力，使学生能够对自己未来的职业进行思考，发掘自己的内心，提高专业选择能力。

明确目标的设定是高中阶段生涯规划重要的一步——引导学生努力为自己编织生活梦想，明确奋斗方向，做出正确的高中生生活与学习规划，创造美好的高中生活，为幸福的人生奠基！

四、公益实践

> 教学是一件事，不是三件事。我们要在做上教，在做上学。……不在做上用功夫，教固不成为教，学也不成为学。
>
> ——陶行知

学生品性的培养非常重要，班级凝聚力也慢慢在公益活动和社会实践过程中逐步提升。参与公益活动与社会实践是对学生的磨炼。

社会实践让学生经历了一次次的蜕变，是教育教学的第二课堂。我深切体会到这样一句话，教学是技术向艺术的靠拢，应晓之以理，动之以情。把握学生心理对于教学效果的提升有重要作用。

希望班集体能够传承实践精神，启迪智慧，陶冶品性，关心国家与社会的发展。有了高中实践经验的积累，相信他们未来的公益活动和社会实践之路可以越走越远。

五、家校齐心

> 天天是创造之时，处处是创造之地，人人是创造之人。
>
> ——陶行知

"知心，明德，博学"是我个人的追求，但愿能将育人融于教学，真正为学生创造好的成长氛围。这必然需要家校联合，共同努力。一个班级即一个家庭，教师应当做撑起学生的脚手架而不是砖块水泥。我们需要在教学中循环反思：撤走了脚手架，建筑是否依然完整呢？这样的建设有利于持续发展吗？

家校齐心育新苗，共同成长谱蓝天。家委会组织可以增进家庭和学校之间的联系，让家长更全面地了解了解学校、了解教育，更好地形成家校教育的合力。

（1）建设家校沟通群，定期进行班情通报。

（2）设计家委会活动标志。

（3）定期组织家委会会议。

（4）让家委会成为学校发展和班级建设建言献策的平台。

（5）班主任与家委会定期联合提出家长倡议。

（6）家校定期展开学习和讨论。

（7）家委会组织并动员家长参与丰富多彩的社会实践活动、志愿服务活动。

（8）建设班级日志作为家校文化沟通的纽带。

家长们相互交流，组织志愿服务，参与班级决策，分享先进而有效的家庭教育方法，为学校管理献言献策，为孩子的健康成长保驾护航。家委会也会定期委派家长利用讲座等形式，介绍教育孩子的经验或分享教育知识。一切为了孩子，为了孩子的一切，家校共育，优势互补，协调发展，共同为学生的成长助力。

六、有力抓手

高中阶段是学生人生发展的关键阶段，班级每学期都有一些评优评先活动，比如三好学生、优秀团员、入团积极分子、学习标兵评选。评优评先作为奖励的一种，也是把"双刃剑"，运用得好，就会激励人、鼓舞人、鞭策人，起到事半功倍的效果；否则，就会变为一种消极因素。

班级评选方法：一宣布，宣读参评要求，逐条说明投票选拔的主要参考依据，保证透明、公开；二动员，给予学生鼓励，留出充足时间自愿报名并准备公开演讲；三演讲投票，按照座次顺序演讲，学生记录员简要记录整个过程，提醒学生理性行使自己手中珍贵的权力，写下投票结果，学生收取全员无记名投票，保证公正；四唱票，班委会或不参评学生3—5人组成计票小组，自行分工，进行严格、正式的唱票，直接统计结果，保证透明；五公布，班主任公布评选结果，做鼓励和安抚工作，树立榜样；六留档，所有选票和计票结果妥善留存，依规循理，有据可依。

为使评优评先工作成为班级建设的有力抓手，要注意以下细节：一是计票小组要保证学生是自愿报名，提高学生为班级建设出力的主观能动性；二是计票小组要对票选结果进行签字以保证公平性；三是关注评优评先给学生带来的心理变化，通过预案，保证每次结果公布之前与落选学生进行单独谈话。这是必要的心理疏导，更是与学生建立更深厚的感情、帮助学生并对学生提出更高要求和希望的良好契机之一。学生的德育引导必须做到位，细节上做扎实，做到学生心里去。

做好评优评先工作，一是目的必须明确。评优评先是为了充分调动学生的学习积极性和学生干部的工作积极性，激励先进，鞭策后进，促进学生德、智、体、美、劳全面发展，建设优良的校风、学风，引导他们全面发展，自觉成长为社会主义事业的可靠接班人及和谐社会的建设者。所以每一次评优评先活动实际上都是学生自我总结、自我评价、自我反思、自查不足和自我完善的过程。

二是标准必须明确。没有规矩不成方圆，实施奖励亦如此。应坚持实事求是的原则，根据奖励项目，能量化的量化，不能量化的诸如思想进步、团结同学则要举出实例。标准确定好后，在评选之前一定要在全班公布，使每位同学心中有数。

三是过程必须科学。学生还不能完全客观地看待一件事，选举时的投票可能会受到私人关系的影响，以相互之间的亲疏作为判断的标准，这需要教师加以客观指导。教师要宣传评优评先的目的、标准，接着由学生根据标准自我推荐，这就是他们自评自查的过程；然后班内公开宣读自荐书，再由学生对自荐内容发言，无异议后民主评选。

四是对评上先进的同学的事迹大力宣传，树立榜样。利用宣传栏、光荣榜等形式进行舆论宣传，使奖励发挥激励、感染、鼓舞和鞭策的作用，产生良好的效果。

做好上面四个环节，才能真正让评优评先成为抓手，促进学生全面发展。

七、德育、教学不可分割

教育是一门艺术，怎样教学和带班才能使学生更加富有活力呢？老师的路要一步一个脚印，因为我们不仅要等学生的行为跟上，还要等学生的心跟上。

教学教研要促进课程教学与高考综合改革的有机衔接，实现平稳过渡，努力构建充满活力的课程体系，促进学生全面而有个性地发展。一方面，教师教学要与学生学习的实际需求紧密联系，以集体备课和学案设计为抓手加强课堂教学研究，注重过程和教学效果的落实，加大对高考的研究力度，促进教学工作向更高水平、教研工作向更深层次发展。另一方面，教研活动要在精细化和实效性方面有所提高，通过活动和教学实践力争更新教学理念，变换教学方式。而这也离不开德育工作的辅助，与学生进行适合其个人发展的德育谈话促进其学习态度和学习方式的转变，以学生态度和学习方式转变促进课堂教学效率和教学质量的持续提高。

文化育人——打造富有特色的班级文化

山东省青岛第六十七中学　刘洋

班级文化是班级发展建设的重要组成部分。积极的班级文化会提升学生的归属感、幸福感和成就感，也会促进形成团结竞争、共同进步的学习环境。

一、合理利用艺术作品，营造书香氛围

书画作品可陶冶情操，具有很高的艺术价值，非常适合做班级文化展示。新班级成立第一学期的书法作品是学生家长提供的。在家长会上，我向家长们表达了想要征集书画作品装饰教室的想法，小川的家长便主动提出可以给班级提供书法作品，因为小川的爷爷对书法比较精通。当小川把作品带到学校时，办公室的老师都啧啧称赞，因为展现在我们眼前的是两幅装裱精美的小篆书法作品，其文字内容也符合班级的学习生活环境。我们教室中较大型的书画作品每学期更换一次，换下来的作品会在学期末奖励给本学期量化积分靠前的同学，学生也很喜欢这种奖励方式。第二学期的书法作品就由我们班的学生来写了。内容也由学生构思，当然也要符合我们当下学习生活的情境，比如"路漫漫其修远兮，吾将上下而求索""博观而约取，厚积而薄发""穷且益坚，不坠青云之志"。

绘画作品就更丰富了，很多有绘画特长的学生有了展示的空间，级部也

有一些班级风采展示的活动展板，都需要班里有艺术特长的同学参与设计，在展示班级风貌的同时，也锻炼了他们的能力。

图书角可增加班级书香氛围。书架从班费中出资购买，而摆放的书籍就有多种来源了。一方面我们学校的图书馆会订购适合班级阅读的书籍，班级可以根据阅读的进度和安排进行借阅；另一方面学生有很多自己的书籍，可以以图书角为平台互相借阅。同时，我们也会选择一些适合中学生阅读的杂志，相较于书籍，会有更明显的时代性，贴合当下，引导学生关注时事，思考热点问题。

二、根据"时事热点"更换展板主题，为班级注入时代色彩

文化展板作为班级文化的集中展示区域，应该常换常新。最好的展示内容就是时事热点，也可以是班级的新鲜事。比如在迎接中国共产党成立100周年之际，班级举办了"百年初心，历久弥坚"的主题展板展示活动，展示了学生为党的百年华诞创作的诗歌、艺术作品等；运动会结束后，可以将班级奖状、活动照片、优秀加油稿等做成"运动会风采展"的专题展板。当然，社会热点和班级新鲜事也可以结合起来——在国庆节到来之际进行"爱国主义主题作文展""手绘中国地图展"等活动，还加入了学科的元素。文化主题展板要具有一定的时代意义和育人价值，展示的形式可以多种多样，根据时事热点来更换的方式是比较有操作性。

三、借助绿植，增添环境意趣

除了文学艺术的熏陶，摆放绿植也会让班级环境更有生机和活力。向学生征集绿植时，大家带的一般都不一样，有芦荟、吊兰、文竹等，可以根据绿植特色放置在班里不同的位置。当然班级还有一部分需要统一规划的区域，比如教室后面柜子上方，由家委会统一购买绿萝安置。有了绿植，教室的色彩一下子变得丰富了，相信也会让学生每天的学习生活更加舒心。我们

也设立了专门负责绿植养护的值日生，可以及时为绿植浇水、晒太阳等，呵护生命的同时也提升了学生的责任心。

四、设计班徽，衍生新的班级文化

班徽是班级文化的浓缩和象征。在接手新高一的时候，学生和家长就提议可以制作班徽，助力打造班级文化。刚好班里有两名学过美术的同学，他们便主动承担起了班徽的制作任务，最终创作出了两种风格的班徽，各有特色。第一种是简约大方的几何形班徽标志，由外圈的"圆"和量尺拼接成的"4"组成，鲜明地体现了四班特色，中间还选取了当时校徽标志的图书和飞鹰图案，徽标四周是班级的英文标注，整体简洁大方，寓意"无规矩不成方圆"和"在班级中学习，在书的海洋中展翅翱翔"。这个徽标被定为我们班级的"主徽标"。而"副徽标"则是古典文化风格的呈现——两条红、蓝色锦鲤首尾相接、环环相绕，中间的鱼鳍和身体共同组合成"四"的形状，彰显四班独有的艺术特色，寓意"环环相扣，首尾相连，团结一心"以及"锦鲤环绕，吉祥好运"。

班徽可以作为班级文化建设的直接素材——主徽标用于班服的设计，副徽标用于班旗的设计。很多班级文化或班级活动都是班徽创作背景下的衍生物。班徽的设计让班级的日常活动特色鲜明。

五、喊出响亮的班级口号

班级口号可以体现班级精神，应朗朗上口，有感染力、号召力，能够激发同学们的斗志和信心。班级口号的内容一般都要包含班级名称和独特的班级精神。高一新班级成立时，我们的班级口号是"铁血四班，争创一流"，把握和继承了入校军训的精髓，鼓舞同学们时刻保持严明的纪律性和艰苦奋斗的作风，养成良好的生活、学习习惯，为高中生活打下基础，对增强班级气势、鼓舞学生信心等方面有促进作用。

选科走班模式下的班级管理问题与策略

山东省青岛第十六中学　曾晓伟

随着新一轮基础教育教学改革和新高考方案的推进，选科走班成为一种新的常态。教育的不断改革为的是让学生能够更主动地学习知识，全面提高综合素养和能力，而高考选科走班模式会为教育界带来更多有利的变化。传统的教学模式下，学生只能被动地进行学科选择，导致一些学生出现偏科甚至放弃某学科学习的现象。选科走班模式给学生提供选择自己喜爱课程的权利，在学习自己喜欢的科目时可以有效提高上课热情，激发学习兴趣，从而使得学习更有效率、更有动力。选科越多样，走班就越彻底，行政班越淡化。班级管理工作是学校德育工作的主阵地，选科走班衍生出了一系列新的问题和挑战。

一、问题和挑战

1. 对班级文化建设的冲击

班级文化影响着每个学生的成长和发展。积极的班级文化能够激励和强化学生的积极意识和行为，增强学生的班级归属感和认同感，起到规范和引导学生健康发展的作用，因此班级文化建设是班级管理的首要工作。流动的学生应该成为原行政班班级文化展示和输出的"符号"，而如何培养和调动班级文化传播者的积极性，使其不丢掉原有的精神面貌，是每个班主任要去积极思考和探索的问题。

2.班级常规管理的盲区

班级常规管理是学校对学生进行养成教育的重要形式，是班主任工作的主要内容和抓手。比如我校每学期初开展的"激智励行习惯强化月"活动，通过对各班学习、卫生、纪律、防疫等各项工作展开评比，最后颁发"标兵班级"和"优生班级"流动红旗。对待常规工作，要"抓反复、反复抓"，进一步建立和规范班级的基本工作秩序，为全体学生创造一个有序的学习和生活环境，从而为规范和开展各项班级活动打下良好基础。

在选科走班的新形势下，常规管理出现了一些管理空白，如上课的出勤、课堂纪律、卫生、作业收发和反馈是否及时，课间操出勤是否及时到位。虽然学生会一如既往地服从学校和班级的管理安排，但是由于走班过程中涉及很多个行政班的学生，因此，各行政班班主任很难及时掌握课上的各种状况，长此以往，会对班级的发展带来不利的影响。

3.学生德育工作的难点

在行政班管理模式下，一个班有相对稳定的教室、学生、班主任，师生之间、生生之间可以建立相对稳固的情感连接，有利于促进学生身心健康发展。教育是一个长期的、复杂的过程，学生的发展、成长并非一日之功。在班级常规管理中，教师时常会遇到学生反复出现某些问题，所以，"反复抓、抓反复"是教育的常态。这是养成教育的常态，教师需要对学生进行持续的关注和跟踪教育。

在选科走班新常态下，走班的学生到指定教室上完课后，回到自己的行政班参与日常学习。这种情况下，班主任难以及时了解学生走班时的听讲状态和作业完成情况。科任教师在走班的课堂上，将更多的精力放在学生对本学科内容的学习、诊断与评价上，易忽视对学生德育工作的渗透；同时，由于所带学生的行政班较以往数量成倍数增加，所以科任教师如果没有及时跟班主任沟通学生的学习情况，就会出现学生跟踪教育的盲区。此过程也削弱了原有行政班的情感影响，导致班主任对学生的教育效果难以达成。

走班模式带给班级管理工作诸多挑战，而班级管理工作的规范有效对学生思想道德及心理健康的发展意义重大。行政班管理模式得以长期存在，是因为其有着难以替代的特殊的教育教学功能。新一轮的高考改革倡导和尊重学生的自主选择和学生的个性化成长，但在现行的教育体制之下，依然需要行政班管理模式承载重要的教育服务功能。要推动行政班管理模式的变革与转型，实现行政班管理模式与教学班的管理相互配合，激发学生的潜力，实现行政班与教学班齐抓共管。在新高考制度下，如何优化班级管理工作，是班主任工作的核心。

二、优化班级管理工作

1. 班级管理各项工作常抓不懈、推陈出新

班级管理工作重点包含班级文化建设、班级制度建设、班级组织建设、班级活动建设等方面。尽管各个学校走班的程度不同，但班集体活动主要是在原行政班开展。主题班会课、晨会课、自习课以及学校的各种大型活动都是以行政班为单位开展。

一是要优化班级制度建设的新需求。走班教学中，高中生更需要加强自主管理，在选科走班新常态下，激活"自管自育"的意识和潜能，这是新常态下班级管理稳步向前推进的重要保障。本着激发全体学生"自管自育"意识的目的，学校在各级部成立了级部年级学生纪律委员会，由值周班级推选学生构成，也可实行班内轮换制，努力建设一支自上而下高效推进、自下而上有力支撑的"自管自育"的学生领导团队。

二是完善班级制度建设。在进一步明确班干部（特别是学科代表）的职责和任务的同时，学校建立了由班主任、科任教师及班委会共同组成的班级事务委员会，他们分工明确，共同做好班级管理工作。在班级组织建设方面侧重于更好地发挥班干部及学科代表的管理作用。应将其职责再清晰化，如协助班主任及学科教师收发作业、统计成绩、管理纪律，就学科出现的问题及时反馈给班主任。

三是优化班级物质文化建设。为提升选科走班中"走"的效率，加强班

级突发事件管理，在班级文化建设特别是教室建设方面，学校采取了很多切实可行的举措：在行政班张贴走班课程表及座位表；专设作业摆放架及失物招领处；改建专用教室，丰富教室环境布置。走班也给原行政班带来些积极的"压力"，毕竟温馨的教室也是班级的"名片"。

四是用"导师+班主任"的管理模式，开启班级管理的新篇章。随着教师角色的变化，高中教师的配置模式也相应发生了改变。任课教师不单单是学科教育者和新课程的建设者，更被进一步要求成长为"管理者"，为此，我校推行了"一岗双责"和"全员导师制"政策，要求每一位教师都自觉成为学生德育工作的负责人。导师主要负责学生的心理辅导、生涯规划、生活指导、学习指导等，密切跟踪学生的发展情况，随着行政班主任功能的削弱，导师制的地位和必要性日益凸显，这也是学校全面深入开展德育工作的需求。

2. 科学指导，做好学生的生涯规划

一是高一上学期会开设生涯规划课程，由专业的心理教师进行授课，让学生对个人兴趣、职业类别与规划方式等方面有全面的认识。班主任要高度重视家校联合工作，借助于学校提供的平台，利用期中或期末家长会时间，不断做好新高考政策解读、职业生涯规划与选科的辅导等工作。一方面，通过年级或教务部门，第一时间给家长解读最新的有关新高考综合改革的政策；另一方面，聘请职业规划专家进校，开展有关职业生涯规划与选科的多场公益性讲座，让家长参与到学生的选择与规划中来。

二是搭建科学的在线测评系统供学生自测。在线测评系统可客观地评价个人的职业倾向，分析个人的优劣势，使其进一步明确将来的职业方向与选科可能。

三是做好学生职业规划的团队辅导。生涯规划并不是一朝一夕可完成的事情，它将伴随学生的整个高中学习阶段，为学生的拼搏和努力提供科学的方向。比如到了高二或者高三，有的同学会发现现在的某个学科并不适合自己，或者确定了与之前不同的发展方向（比如普考生转艺考生）。当学生对未来产生迷茫的时候，就需要专业辅导团队（导师+班主任+心理老师）及时与学生和家长进行有效沟通，提供参考建议，帮助学生厘清自己的发展思路。每位教师都是学生成长过程中的导师，全员育人是教师工作的常态。教师不仅要具有深厚的学科专业知识，还需要全面了解与教育相关的理论和专业知识，掌握与教育相关的技能、方法和策略，从学科教学走向学科教育。为此，教师教研需要融入更多的教育内容，从促进学生全面发展的高度学习教育理论、掌握教育知识、研究教育方法、分享教育经验。

3. 增强学生的责任意识，提高其自我管理和参与管理的能力

不可否认的是，走班模式对班级的正常管理秩序造成了冲击，尤其是削弱了班级管理所特有的德育功能，这就需要提升学生自身的责任意识和自我管理能力。每个学生都是独立的个体，高中生在认知能力上都有了较高的提升，可以较好地参与班级的日常管理。因此，学校可以分别在各个教学班和行政班设立学生的自我管理组织，将其作为师生间沟通交流的有效渠道。走班不意味着思想涣散、纪律松散，只有真正让每个学生都参与到班级的管理工作中并逐渐强化责任意识，让学生学会自主学习，逐步培养其自我管理和参与管理能力，才能为学生以后更广阔的发展提供平台和机会。

4. 明确职责，实施班主任和科任教师双向管理

行政班班主任要克服因流动的学习场所造成的班级管理困难，与教学班的科任教师定期交流，及时了解班上每个学生的各种情况，联合科任教师对学生进行有针对性的教导，形成统一的教育影响。科任教师不应把眼光局限在固化的教学功能上，为了课堂教学的有序进行，应该仿效行政班设置临时性的学生管理职位，保证教学班的管理正常运行。学校各职能部门分工合作，加强对行政班和教学班的指导、管理和服务，及时发现新情况、新问题，并统筹协调解决。

总之，新高考形势下，高中学校的领导和教师必须及时更新教育观念、调整育人策略，全面跟上教育高速发展的快节奏，在新的时代谱写新的教育华章。

抓好常规工作　促进学生习惯养成教育

青岛西海岸新区胶南第一高级中学　姚晓昕

作为"新手"班主任，我虽然毕业前有过实习班主任的经历，但自己管理班级，仍面临着诸多问题和挑战，说"摸着石头过河"一点也不假，在班级管理方面缺乏经验。因此，正确处理每天的常规工作，促进学生良好习惯的养成，是我目前所努力的方向。

一、吹响清晨的号角——早读

早晨是记忆的最佳时间段，大声地朗读，让学生养成早读的好习惯，对于学生大有裨益。学生的早读状态对一天的学习有重要影响。针对学生早读效率不高、重视程度不够、收效不显著的问题，我整理了以下几个方法。

1. 明确目标，高瞻远瞩

每天早上，黑板上必写有早读任务。任务包含什么时间读什么，背什么，完成多少任务，让学生目标明确。

2. 时间清晰，温故知新

为了让每一天的早读科学、有序地进行，我们把早读划分为两个时间段：第一时间段，复习昨晚家庭作业中要求背诵的内容；第二时间段，按照任课老师的要求，背诵早读应该掌握的内容。时间清晰，内容明确，在每个时间段里，要求学生完成相应的内容，这样是为了充分合理、高效地利用早读时间。

当然，早读时间段的划分不应死板，而应根据内容长短、难易等具体情况具体对待。总之，要让学生充分合理地利用好这宝贵的早读时间。

3. 提前安排，入室即读

鉴于学生离家远近、到校时间的不同，为了能让每位到校的学生及时投入学习状态、入室就读，我采用的方法是：提前安排。课代表提前问老师，提前将任务写在黑板上。为了保障工作的有序进行，在班级里再设一名"总管"，如果课代表忘记了，由"总管"提醒课代表。

二、巩固学习的成果——作业

通过作业，可以检查学生知识掌握的情况。收作业，刚开始时是一团"混战"，班级纪律一片混乱，后来基本能在第一节课预备铃前较为安静地收好作业。情况的改善，既来自学生规范的养成，也源于收作业的好办法。在班主任经验交流会上，陈老师提到，将全班分为10组，每组6人，组内6人分别收各科作业。不需要学生下位收作业，降低班级的混乱感。组长收好作业后，由课代表分收小组作业，这样确实比之前效率高多了。

三、每日学习的反馈——值日班长制度

学生是班级的主体，应促使学生进行自主管理。开学伊始，我就通过学生报名、班内筛选，选出五位有责任心、能力强的值日班长。经过一段时间的观察和同学们的反馈，对值日班长人员进行了微调整。值日班长负责记录班级学生在校的一日常规情况，包括早读、课堂、午休、课间、两操、卫生、自习、作业等情况。每天放学前由值日班长反馈当天的学习和常规情况，让学生们做到每日三省吾身。

班主任工作繁忙而快乐，只要用心浇灌、以爱呵护，我坚信定能结出丰硕的果实。

德

育

案

例

信任　责任　守护

山东省青岛第二中学分校　黄艳丽

　　信任是一份认同，信任是一份真诚，信任在我们的生活中是无形般的存在，却又处处影响着我们；责任也在每时每刻与我们相伴，无论做什么，我们都需要保持一份责任心；教师是学生的守护神，要用爱教育、用心守护。作为一名班主任，我一直坚持用这三个词对学生进行耐心的教育。

一、信任

　　我们应该学会尊重学生的人格，当学生在学习或生活中遇到困难时，教师要帮助他们树立信心，逾越障碍。

　　她，个子不高，面目清秀，起初在班级中担任学习委员一职，成绩较为优异，性格较为内向，比较腼腆，但做事稳重。为了让她更好地树立自信，在高一的第一学期，我鼓励她积极参与学校学生会的竞选，通过笔试、答辩等环节，她顺利地进入校学生会纪检部。在班级工作和学校工作中，当她遇到问题和困难时，我会做好引导和疏解工作，让她找到适合自己的平衡点，从起初的腼腆到落落大方，她在磨炼中学会与人更好地相处交流，日常我也会根据情况给她安排各种任务，其中一项就是每天在黑板的左侧写清课表。三年来，风雨无阻，只要我进入班里，映入眼帘的便是她娟秀的字体。同时，这个女生还兼任数学课代表一职，作业记录翔实，数学成绩也不断地在稳定中提升。我也常与她沟通班里的情况，有问题她会第一时间反馈给我。班级的述职工作我也会让她参与其中，同时力荐她为班级的第一批团员，到高二时正式任命她为班长。她在级部中多次进入前十名，最好的名次是第四。当然，她也有成绩遭遇滑铁卢的时候，我会与她一起分析失误背后的原因，一起制定薄弱学科学习的目标，及时为她打气。我发现她非常善于动手制作，就带领她参加了青岛市创客节活动并荣获了一等奖。在我的鼓励下，她在高三时被评为青岛市优秀学生。同时我也鼓励她参加高校的综合评价招生，帮她搜集了很多相关信息，经过我们共同的努力，她顺利拿到了综招的名额，在高考中成绩超特殊类型招生控制线（A线）40多分，最终顺利地被心仪的大学和专业录取。

二、责任

教师职业也是一份责任和使命，教师的职责就是教书育人，教是过程，育人是结果。

这名女生长得白白净净，心地善良，话语不多，是一个乖乖女，日常的体育课和活动课她都是在教室里，不参加任何运动，像温室里娇弱的花朵。从高一到高三，和她的家长谈论最多的一是她的身体问题，二是她的心理问题。她因为身体原因三天两头请假，时常流露出休学的念头，到了高三更加明显，后期可以说是因为心理问题而产生了身体问题。她最薄弱的学科是英语和数学，她对英语单词极不敏感，我在学校组织了一个社团叫"UT二次元动漫社"，她是社员之一，在和她的交流中我发现她很喜欢日系动漫，一个大胆的想法出现在我的脑海中：是否可以让她将英语改成日语？毕竟现在高考外语科的种类也是有可选择性的。在和她的家长做了细致交流后，在高二下学期她决定改学日语。兴趣是最好的老师，现在她的外语已成为她的优势学科，高考中，她的日语考了126分的高分。第二个难关就是数学，她的分数基本上就是20分左右，一学数学就哭哭啼啼，看到数学就头疼吃药，家长、数学老师和我为了她的数学学习探讨了很多的方法，以鼓励教育为主，随时找她谈心。我还翻看了很多有关心理学的书籍，在思想上引导她，从心理上解决她的困惑，激发她学习的积极性，让她对学习有一个正确的认识和良好的态度，还不断地从她的其他优势学科上找平衡，转移她对数学的注意力，从容易的题目入手，并经常在班级中表扬她的数学笔记，只要取得一点进步，我都会针对她的进步加以表扬。在高三"一模"数学考试中她达到了54分（青岛市"一模"数学C线是58分），总分超出C线20多分，家长常对我说："遇到您这么负责的老师，是孩子的幸运！"不抛弃、不放弃是教师的责任。

三、守护

教师是教育工作的重要推动者，是学生的健康、幸福和未来的守护者。教师不仅是知识传播者，更是学生人生成长路上的引路人。

这是一名个性有些酷的女生，她喜爱绘画，对学习不太感兴趣，我把她吸纳进了学院的宣传团队中，根据她的绘画特长，建议她高考时可以选择美术专业。我们从基础开始入手，内容由浅入深，循序渐进地进行各个专题的训练，并针对她的情况设计了专业训练计划。她不断坚持与拼搏，在美术高考联考中获得了276分的高分（总分300分），完成了步入美术院校的第一步，在后期的文化课学习中，我们共同制订了高考六科的学习日计划并制定了月目标，最终她克服了种种困难，在高考中完胜。

对于我自己而言，班主任这个角色是挑战也是机遇，从高一到高三，三年来，我都会早早到校，和他们一起早读，语、数、英每节课上课前必到教室，走班时，我也会在走廊时不时出现，中午午休、眼保健操、答疑课、晚自习跟上。我常和学生说："在学科的学习上我可能指导不了你们，但只要你们有问题，我定当竭尽全力。"我每天24小时开机，很多时候在晚上十点还在和家长探讨学生的问题。

在学生的成长道路中，我做得更多的是借助学校这个平台，挖掘同学们的潜能，为他们选择更加适合他们的道路，做好专业引领，让更多的同学借助艺术高考升入心仪的大学。

回首做班主任的六年时光，酸甜苦辣，百味其中，我和学生一起打造温馨的班级氛围，开展"我的人生我规划"活动，人人参与班级管理，形成学生自主管理的模式，建立民主监督委员会，开展系列主题班会，从多方面支持学生个性发展。艺术节是我们的主场，我们组织过多项活动，到青岛市博物馆讲解，参加各种演出，自编自导运动会开幕式，一起庆祝生日……每年的元旦和艺术节演出都是同一天，同学们在肩负演出的重任时还不忘在班里小聚。我们也非常注重家校联合，定期进行家庭教育分享。学生在比赛活动中成绩突出，最终艺考成绩显著，学表演的同学取得了山东艺术学院全省第六名的成绩，学美术的同学取得了中央美术学院专业合格证，学音乐的同学取得了中央戏剧学院专业合格证，考体育单招的同学顺利拿到了北京体育大学入学资格，所有参加专业统考、联考的同学都已过关。在信任中前行，在责任中成长，在守护中绽放，班级每位学生脸上都洋溢着自信的笑容，荣誉和成绩是同学们一起努力的结果。

2022，让我们一起，心中有光，素履以往；踏梦前行，聚力生长。

《正面管教》读书心得

山东省青岛第二中学分校　黄艳丽

　　《正面管教》这本书讲述的是一种既不惩罚也不娇纵的管教孩子的方法。它深入浅出地向我们介绍了许多行之有效的经典理论，涉及孩子的心理、行为、认知及教育等多方面，让我受益匪浅。最让我深有感触的是《正面管教》第七章的内容，即有效地运用鼓励，正如书中所讲到的，孩子们需要鼓励，正如植物需要水。没有鼓励，他们就无法生存。这让我清楚地认识到，孩子们是需要鼓励的，在鼓励中他们才能茁壮成长。

一、有效地运用鼓励

1. 把握时机，及时赞扬和鼓励

　　激励即激发人前进的动力，它是调动学生积极性的有效手段与途径，需要教师有敏锐的觉察力，把握激励学生的最佳时机，通过及时激励或延时激励，适时地赏识、激励学生，有效地促使学生内心的消极情绪转化为积极情绪，从而使学生找到自信，以良好的行动去实现预定的目标和自我成长。

　　【案例】她是我在接新班时看到学生个人介绍时非常感兴趣的一名学生，我推荐她做班长。起初，她非常开心，欣然接受了我交给她的任务，在班级管理中认真负责，只要我不在班里，她一定会主动坐在讲台旁，认真管好班级纪律，做好我的得力助手。在高一期中考试后的某一天，她突然找到我说："黄老师，我不想干班长了。"我问她原因，她低着头就像一个犯错误的小孩，很委屈。在我的一再追问下，她告诉我，自己学习成绩不好，不配做班长。听完她的原因，我说："如果咱们抛开学习成绩，你愿意当班长吗？"她点点头说"愿意"。我和她一起回顾了她为班级做的点点滴滴的小事，并特别强调："学习成绩不能代表一切，重要的是一个人的品德修养，我们培养的是全面发展的人，提高成绩有希望，努力更重要！"她用坚定的眼神看着我，对我说："谢谢您，黄老师，我知道应该怎样做了。"后期的她变得更加勤奋，高考时被省内知名大学录取。

2. 相互尊重

师生间要相互尊重和信任。人与人之间要相互理解，当学生有意见的时候，教师要学会正确对待学生的意见。教师是学生健康成长的引路人，肩负着教育学生的重任，要学会倾听，尊重学生真实的内心体验和情感，尊重学生的行为选择，尊重学生的奇思妙想，学生相应地也要理解和体贴老师，尊重老师的权威，接受老师的管理。

【案例】早恋在高中应该算是一件比较常见的事情，班主任在发现班级中有学生出现类似的问题时，首先要尊重学生，及时给予正面疏导，学会用技巧性的语言来跟学生沟通这方面的问题，关怀爱护并耐心引导，给予他们更多的关心。当然也要针对不同的学生采取不同的教育方法，如开主题班会、进行青春期心理疏导讲座、丰富学生课余生活。我也会及时告知家长，与家长沟通，便于家长理解孩子。

3. 改善，而不是完美

"完美是一种极不现实的期待，追求完美的人往往会陷入深深的沮丧之中。孩子们宁愿不做任何尝试，也不愿意因为无法达到一个大人期待的完美而体验持续的挫折感。承认孩子的进步会鼓舞孩子，并能激励孩子继续努力。"负面的惩罚会激起反叛，当我们在相互尊重、一起努力解决问题的过程中持续改善，才能精益求精，走上持续进步的道路。

【案例】学生经常迟到，对很多班主任而言也是一个颇为头疼的问题，既影响了正常上课秩序，也会给班级管理、评价考核等带来各种麻烦。怎样去改变学生迟到的习惯呢？班主任老师的招数也是多种多样的，面对迟到的学生，我们与其循环反复地使用惩罚手段，不如发现学生内心正向的力量，以适当的正强化方式辅以阶段性目标完成的方法，帮助学生培养习惯，在呵护和引导中让学生成长与进步，让学生做一个守时的人，悦纳自我。

4. 着眼于优点而不是缺点

学生身上都有优点，也有缺点，但看到的角度不同，常常会导致不同的结果。

教学中我更多关注学生的优点，通过性格分析、意志品质、行为习惯、生活经验、自主学习、课堂表现、作业情况、学习能力及成果、心理情绪调节等方面，寻找学生的闪光点，做好正面引导，让学生朝着积极的方向发展。

二、关于学生培养

基于《正面管教》一书的学习，我更加清晰地认识到对学生的培养需要扎实基础、娴熟技能、健康身心、准确定位四方面融合。

1. 扎实基础：扎实学习，夯实基础

帮助学生提高课堂教学效率，养成专心致志地学习的习惯。高效的课堂学习是学生成绩稳定且优异的根本保证。要注重基础、突出能力，强化典型训练，日常注意对不同学生进行个别点拨、辅导、激励。

2. 娴熟技能：知识结构化，复习系统化，训练综合化

告诉学生做事情的时候要讲究条理性，要能有条不紊地学习做事。让学生勤于思考、善于钻研，做题书写工整、步骤齐全、术语规范、表述严谨，努力培养自己的自学能力、知识的梳理总结和归纳能力。努力提升学生的学科素养，如语文主抓阅读与写作，英语着重听力与阅读。

3. 健康身心：健康的身体，愉快的心态

注意训练学生尤其是学优生的耐挫心理。他们大多上进心强，求知欲望强，思维敏捷，自觉性高，要让他们以平常心对待学习，克服完美主义，调适好心理，学会正确对待赞扬，保持清醒的头脑。学习之余，应让他们多参加锻炼或文体活动，放松心情，保持旺盛的精力。

4. 准确定位：树立目标，坚持努力，实现理想

让学生用目标指引行动，根据目标的完成情况，及时调整自己行动的方向。我经常给学生讲一些励志学习的例子，培养学生做事坚持不懈的精神，从学习与生活多方面培养和磨炼学生的毅力，帮助其努力实现自己的理想。

三、新高中，新起点

高一是同学们学习生涯中至关重要的转折点。高中学科的特点是知识量大，学科内容深，综合性强且具有很强的关联性，只要掌握了学习方法，成绩就会逐步上升且趋于稳定。

"态度决定高度，高度决定格局"，面对新的环境，要帮助学生做好初中生到高中生的角色转换。学习的过程是一个不断增强自主性的过程，高一掌握学习的主动性尤为重要，要先设定方向与目标（大、小、长、短），主动获取知识，主动探索，努力挖掘个人潜能。

养成良好的学习习惯，讲究科学的学习方法，可以提高学习效率。

1. 预习能够培养和提高学生的领悟力

学期预习：开学前，同学们可以利用假期对下一学期的学习内容做全面系统的了解，从整体上对全册教材的主要内容和特点做到心中有数。课前预习：根据老师发送的课前预习任务单或导学案，学会独立地阅读新课的内容，了解大致脉络，查阅资料，思考问题，有方向、有重点，逐步形成"展卷而自能通解，执笔而自能合度"的能力。

2. 向课堂45分钟要效率，全神贯注听课是关键

高效吸收知识的听课方法：听视并用法、听思并用法、五到听课法、符号助记法、主动参与法、听懂新知识法、目标听课法、质疑听课法、存疑听课法。听课是区分学生会不会学习的一个重要标志，方法因人而异，适合自己的才是最好的。

3. 知学善思，勤学好问，提高自身的能力

学习需要持久，爱因斯坦曾经说过，提出一个问题比解决一个问题更重要。要通过接触问题—感知问题—解决问题，更好地培养学生创造性的思维能力。学常有疑，问则可解疑，只有把学、思与问有机结合起来，才会释疑解难，增长知识。

4. 优秀的课堂笔记让学习事半功倍

做课堂笔记是一种很好的学习方法，有助于对知识的理解和记忆。如何做笔记？并非是要把老师讲的内容全都记下来，而是要在听懂的基础上再记笔记。也就是说，要先听，听懂后再记。笔记要有自己理解的内容，整理的目的是完善课堂上听到的内容。

5. 有效完成课后作业是巩固知识和加深记忆的良方

作业是课堂的延伸，教师在设计作业时目的明确、有分层，同学们应根据自己的能力和目标，分主次、抓重点，有选择性地做好九科的学习计划，合理分配时间，保质保量完成。

6. 拥有良好的心态，成为最好的自己

学会自我调整，以自信的姿态适应好高一阶段，学习与生活要有一个愉快的环境，让心情放松，快速融入集体，在与同学的相处中，将自己的个性展现出来，遇到问题时，善于与老师沟通、与同学交流。

依据目前山东高考考试科目"3+3"的模式，高一下学期结束前学生将面临选科的问题，六科自主选三科，怎么选择与组合？从高一起就应该学会认识自我，准确定位，建议要考虑自身情况，通过生涯规划测评，探索个人的兴趣倾向，评估出自己最擅长的科目或优势科目，再分析整合外部信息，最终找出自己将来更有可能脱颖而出的领域。鼓励学优生积极参与学科竞赛并关注"强基计划"，只有提前规划好专业发展方向，才能赢得高考、赢得未来。

班级良性运营的前提——民主决策

山东省青岛第六十七中学　刘洋

现代的教育教学都离不开民主，教学中提倡教师为主导、学生为主体，班级管理也需要民主，即尊重学生的主体地位，这是维持班级管理制度正常运行的重要保障。在民主教育这方面，魏书生有句名言："学生能做的，教师不做。"那学生能做什么呢？其实班主任或者任课老师的大部分班级管理工作，学生都可以尝试去做，甚至比老师做的效果更好。比如作文让学生自己批改，班规全体制定，班级管理机制让学生自己来运作……每隔一段时间，我会就班级管理规定召开一次专题班会，每次制定的制度板块都不一样。就手机管理制度问题，我们不仅召开了专题班会，还召开了家长会。这一制度的确定需要民主策略的全过程实施，包括家校合作。

首先，召开班会。在班会上有这样几个重要的步骤：

（1）全班研读《关于加强中小学生手机管理工作的通知》，熟悉相关管理条例。

（2）以小组为单位，进行班级手机管理条例细则的制定。分别对家长、学生、班主任、任课教师四个主体进行规则的制定。

（3）将各组管理条例整合，在班级内进行宣读，当场进行修改和完善。

（4）成稿公布。

再者，召开家长会。在家长会上，有这样几个步骤：

（1）向家长解读教育部办公厅发布的《关于加强中小学生手机管理工作

的通知》，让家长知悉国家管理条例。

（2）向家长展示班会关于手机管理条例的制度成稿，重点解读有关家长的内容。

（3）收集意见，合理采纳。

（4）成稿展示。

最终，形成了以下《班级手机管理条例》。

（一）原则上不得将个人手机带入校园。未带手机入校的同学，其手机由家长保管，同时告知班主任。若发现违反规定带入，将扣除其诚信积分，手机在本学期由班主任保管。

（二）学生确有将手机带入校园需求的，须经学生家长同意、书面提出申请并签字，禁止带入课堂。带入校园的手机可以选择以下四种管理方式，若违反则承担相应责任。

（1）自我管理。自我保管手机，在老师知晓的时间和地点使用。若在禁止时间或区域内使用，则需要扣除个人量化积分20分，另写一份800字的"心理活动说明书"，学生由家长带回反省一天，本学期不允许再将手机带入校园。

（2）机械管理。学生可以选择将手机锁在宿舍橱柜或自己的书柜，在老师知晓的时间和地点使用。若在禁止时间或区域内使用，则需要扣除个人量化积分16分，另写一份800字的"心理活动说明书"，学生由家长带回反省一天，本学期不允许再将手机带入校园。

（3）集体管理。学生的手机统一放入班级手机存放专用橱，钥匙由存放的所有同学轮流管理，在老师知晓的时间和地点使用，班主任设置备用钥匙。若在禁止时间或区域内使用，则需要扣除个人量化积分12分，另写一份800字的"心理活动说明书"，学生由家长带回反省半天，本学期不允许再将手机带入校园。

（4）他人管理。将手机交给班主任或导师管理，在老师知晓的时间和地点使用。若在禁止时间或区域内使用，则需要扣除个人量化积分10分，另写一份800字的"心理活动说明书"，学生由家长带回反省半天，本学期不允许再将手机带入校园。

（三）补充规定

（1）学生在第一次被发现违规使用手机时，承担上述相应责任。若第二次被发现则在上述处分之外，没收手机，并追加扣除个人量化积分10分。

（2）无论学生在违纪时使用的是谁的手机，都须按照以上条例处理。

（3）最终解释权归班主任所有。

在手机管理条例的最后附签字确认内容：

我已知晓并将自觉遵守以上手机管理条例。我选择（带/不带）手机进入校园，并承诺不在禁止时间和区域内使用手机。若经发现违反手机管理条例，愿意承担以上责任。

学生签字：

家长签字：

日期：

（5）请家长在《班级手机管理条例》上签字，承诺严格执行。

家长会结束后，让学生在家长签字的相应位置也签上自己的名字，承诺严格执行。

当然这样的管理条例不可能杜绝学生违规使用手机的行为，很多内容还可以进一步完善，也并不完全适用于所有的班级。但是这个条例的可贵之处在于以承诺来培养学生的责任心，提高他们的诚信意识。若当他们想违规使用手机时，顾虑到这个《班级手机管理条例》的承诺，会纠结，进而控制自己的违纪行为，那这个条例的目的就达到了。

这样制定的管理条例基于民主的层面，在班规运营、策划班级活动、完成特定学习任务时都可以充分发挥民主的优势。这样做不仅仅是为了解放班主任，更重要的是给学生提供实践的机会，提高他们的责任心和集体意识。

班规的制定最能体现民主管理。此外还有其他方面的班级管理可以采用民主方式，也收到了比较好的效果，比如换座位。在我当班主任的初期，座位的调整一直是一个令我比较头疼的问题，好在后来参考其他班主任的做法，再结合自己的班情，也总结出了一套运用民主方式调整座位的方法，沿用至今，效果不错。调座第一步要确定小组长的人选，一般我在班里会设置六个小组长。刚进班的时候参考进班成绩，过一个月后就综合进班成绩和个人量化积分确定小组长。这六个小组长就是安排座位的民主代表，他们根据排名依次选择小组座位区域，也可以进行协商。第二步就是挑选组员。我会告诉他们挑选组员的首要原则——有利于互助学习，各小组学习层次均衡，组员自愿加入。此外，尽量做到男女数量均衡等。明确原则后，小组长就开始进行人员的组织和座位的排列。当然会有人员组织上的问题，也需要班主任适当协调。小组长将成员名单和座次确定后进行公示，再进行座位的调换。换座位的周期一般是一个月。

这样的方式对学生来说，更加符合他们的个人情况，个人意愿也得到了最大限度的尊重。其实学生之间的关系是很微妙的，有的学生组合可以收到$1+1>2$的效果，而有的学生组合却会成为$1+1=0$。这样的民主安排可以充分发挥同学关系的加法作用，达到学生成长进步的最大化。而对于家长来说，也基本能满足他们对于班级座位的一些要求。

之前，有的家长会对孩子的座位产生一些"想法"，甚至比学生本人还在意。我的班里就有这样一位同学小A，家长因为座位问题纠结了很久。小A同学性格活泼，在课堂上经常说话，纪律问题比较突出，于是进班排座位的时候我便将小A安排在了教室后面的位置上。小A的妈妈了解到这一情况后，与我联系："刘老师，小A的视力不太好，他坐得太靠后了，把他调到前面吧。"考虑到换座位会产生的一些问题，我找到小A同学，向他询问了视力的情况，也询问了他关于座位的意见。没想到小A主动提出想要去讲桌旁的位子坐。对，没错，我们班讲桌旁还有一个座位。这样的设计一是因为我们班人数较多，还有两套桌椅需要单独放在班级后面，这样就会有两个同学坐得过于靠后。另一方面坐在讲桌两边对于纪律情况不理想的同学也有一定的

"震慑"作用，因为离老师的距离大大缩短，老师能随时提醒学生集中注意力。于是，便有了这样两个特殊的位置。在听了小A的理由后我欣然同意。这个安排一方面可以对他改进纪律问题有更好的促进作用，另一方面也照顾到了他的视力问题。再者，我想这也满足了家长的想法。然而过了几天，小A妈妈又跟我反馈说："刘老师，小A坐得太靠前了，抬头仰着脖子难受，给他调到二三排的位置上吧！"这个要求当然无法直接满足，因为二三排也坐满了同学。因此我再次找到小A，向他说明了妈妈的想法。本以为又要换位的要求是小A提出来的，没想到小A告诉我，是回家自己随口说了一句妈妈就记在心上了，但自己还是很喜欢现在这个座位的，又安静，听课效果又好。于是，小A同学也回家跟妈妈做了解释说明，小A妈妈看是孩子自己的意愿，也没有再提座位上的要求。当然，一直坐在前面确实对坐姿有影响，讲桌两边的座位也是需要隔段时间轮换的，一般都是"优先"考虑纪律情况出现一定问题的同学。后来，这两个座位在促进学习的自律性和听课的高效性上"表现突出"，成了我们班最受欢迎的两个座位。

　　小A同学的"换座风波"让我感觉到班级换座的方式也是个需要考虑的问题。我还是决定采用民主的方式，换座原则还是跟排座位的大原则是基本一致的，即有利于互助学习，各小组学习层次均衡，组员自愿。当然，个别调整最重要的原则还是自愿组合，既要换座位的双方互相同意，也要两个小组都同意接纳新的组员，在换座前和换座后都要向班主任汇报、审批。我们班的小跃同学学习成绩很好，他主动向我提出："老师，我想和小华同学做同桌，我们关系比较好，平时在一起玩，我真心想帮助他提高成绩。"经过我同意后，他们进行了民主换座。后来经常在课间看到小跃给小华讲题。有的同学提出换座的想法也让我犹疑不决——班里最"活跃"的小安同学有一天找到我，跟我提出想要跟小杰同学做同桌，我认为他在开玩笑，因为小杰的"活泼"程度仅次于小安同学，他俩坐一起那不得"天翻地覆"了。于是待他说完就让他离开了，也没把这事放在心上。但是过了两天，小安又来找到我，这次带着小杰一起来，郑重其事地对我说："老师，知道您有顾虑，怕我们的课堂纪律会更差，但是我们在原来的座位上对周围同学的影响比较大，我们也不想被嫌弃，决心改变自己的情况。我们换位后会彼此互相监督，共同改正。"看着他们严肃认真的表情，我抱着试试看的心态，答应让他们换位一周考察，结果这二人在课堂纪律上确实改善了不少。当然有些同学换座后出现问题，也需要及时调整。经过总结我发现，换座的成功率比失败率要高得多。民主换座的方式让我们班的同学们切实受益。

运用民主策略进行班级管理，并不意味着学生可以为所欲为，肆意制定班规。发扬民主的前提是要在原则允许的范围内进行。真正懂得运用民主的人，才能创造出可用度高的新规则。在制定班规前要先了解国家教育法规、学校教育管理规定，民主决议的过程才不至于做无用功。大课间学生一般通过跑操来锻炼，但是最"单调"的跑操就是体育委员喊着口号，全班一起跑，这是常规模式。可不可以用学生们熟悉的音乐，以昂扬的曲调来带动同学们的跑操热情？除了跑操，做广播体操也是中学生常见的锻炼方式。而山西的"鬼步舞校长"张鹏飞就能以鬼步舞的课间操形式调动起学生的运动热情，别出心裁地达到了锻炼学生的目的。他说："学生们不是不活动，而是没有喜欢的活动。广播体操不是不好，而是老套，大家兴趣不高。"可见，规则内的创新将使各项活动葆有最强的生命力。

道阻且长，行则将至——做眼中有光的教师

山东省青岛第五十八中学　丁旭东

我上学年担任2020届高三12班班主任以及11、12班的语文教师。首次带高三，我终生难忘。从成绩上看，12班实现最牛高考班的目标，共有2人超过670分，32人超过600分，平均分高于省特殊控制线65分；从录取情况看，共有19人进入"985"高校，33名同学进入"211"高校，除此之外，还有多名同学进入中央戏剧学院、西交利物浦大学、澳门科技大学、中国人民公安大学、国际关系学院等特色名校。成绩的取得，让身为新手的我至今欣喜不已，但更重要的是从中总结和反思，用于以后的教学、德育。

一、做学生发展规划的引路人，让每个学生都斗志满满

12班作为一个文科倾向班级，有59人，女生居多。高二接班后，我一直在思考如何调动每个学生的主观能动性。我引导每个学生做好个人发展规划，让每个学生都能感觉到有希望、有未来。针对学生的情况，我通过调研谈心、家校沟通、向老教师请教等方式为每个学生制定了属于自己的发展之路，最终明确：艺术生13人，文化课高考46人。现以艺术生为例，谈一谈我的具体做法。

（1）引导学生、家长转变观念。社会需求日新月异，高考改革如火如荼，艺术之路应为敲开名校之路、兴趣与未来结合之路，而不是被迫选择之退路。

（2）召开艺术生首次班会，签订个人努力承诺书，与家长、学生一起明确要求，为学生加油，树立规则。

（3）建立多方沟通机制，成立专门微信群，家校随时沟通；不定时与艺术学校老师沟通，请教、了解学生在外艺术学习情况，也介绍学生在校学习情况，促进学生专业课水平、文化课成绩齐头并进。

（4）做学生艺术学习生活的参与者，不当旁观者。了解编导、摄影等艺术专业的发展方向；关注艺术考试、录取规则最新动向；参与学生中国传媒大学文史哲考试的辅导，帮助学生修改考试作品，与相关院校毕业生及招生负责老师经常性沟通，了解最近变化动态。

（5）进行文化课针对性指导，加强学习监督。回校后，针对每个学生，制订了各自学习计划；采取导师制，给每个艺术生配备补弱补强导师。

我们的努力没有白费，从2021年的艺术生录取情况看，共有4人考入中央戏剧学院，6人考入浙江传媒学院，1人考入中国传媒大学，1人考入重庆大学，1人考入上海视觉学院。

二、厚植国家情怀，让学生懂得为何读书

党的十八大以来，"培养什么人、怎样培养人、为谁培养人"成为教育的根本性问题。而作为五十八中的教师，我也一直在思考、践行这一教育理念。文科班女生众多，闹小情绪、同学间有小摩擦的事情时有发生，如何把同学们扭成一股绳成为我必须面对的问题。我选择的是厚植家国情怀，让学生明白为何去读书。我们通过阅读材料、观看电影、交流演讲等形式，让学生在不知不觉中走入林俊德、沈浩、黄文秀、秦玥飞等优秀人物的精神世界。久而久之，学生学习动力足了，性格更加大气了；全班凝神聚力、团结向前，有温度，更有力量。高考成绩刚出，班里有个女生给我打电话，她告诉我，她打算报考公共管理或者农学，因为她想成为一名大学生村官。我非常开心，如果我们培养的学生都不能以"报效祖国"为奋斗方向，那还有谁能去做呢？她如愿以偿地进入了中国农业大学，我相信她一定会践行诺言。

另外，在我的努力协调之下，姜同学的父母转变了观念，她如愿走上了编导艺术学习之路。那天在办公室，她哭得泣不成声，表示一定要回报我，我告诉学生："我希望你能记住老师今天是怎么帮助你的，你以后也要像老师帮助你一样帮助别人。"现在，她已经去中央戏剧学院报到，我相信她一定会成为有思想、有梦想的栋梁之材。

"感谢您三年来始终如一的教诲，爱国和感恩教育永远难忘，我对未来充满信心，感谢帮我圆梦。"姜同学入学后给我发来短信。

从12班的录取情况看，会计、金融不再是一家独大，有近一半的同学选择了法学、公共管理、社会学等基础类学科。我相信，学生们一定会将社会责任扛在肩上，去用一生践行"追求卓越，报效祖国"的校训。

三、以身作则，脚踏实地，做学生的榜样

年轻老师在与学生交流方面有一定的年龄优势，但也意味着学生在一直观察着你。你是否公平，学生看得清；你是否努力，学生看得见；你是否真正地热爱学生，学生感受得到。

高考之后，学生们告诉我，我坚持了一年的夜自习"监督"短信他们会一直收藏；晚自习状态观察定格30秒让他们不愿松懈；高考前夕，每人一个的端午节"幸运"手链让他们更加坚定；将"改变今日之学生，定可改变未来之中国"写在办公桌最显要位置，让他们感受到了教师是阳光之下最伟大的职业；每一次作文考试之后紧跟的作文范文和帮学生逐句修改作文，让学生明白了做事和写作文一样，要循序渐进、一点一滴、脚踏实地！594分进入中国农业大学，627分进入北京师范大学……是"老班"费尽心思研究高考政策、报考时无数个电话带来的幸运。

2021年高考，12班有多名学生成功考取北京师范大学、东北师范大学、临沂大学的免费师范生，他们告诉我，三尺讲台就是他们的心之所向！不久的将来，他们也会像我一样，教书育人，造福社会。"长大后我就成了你"不是空话，而是誓言！

德育教育心得

山东省青岛市即墨区第四中学　娄万生

德育教育案例 1

2005年8月30日，高一班主任们排排坐，迎接新生。高一9班49名学生整整齐齐地坐在教室里，眼里充满了对高中生活的向往和迷茫。我想，这是我在四中的第一批学生，以后我或许会接触更多的学生，但他们对我的意义是不一样的。

我们班的学生比较乖，这一直让别的老师非常羡慕。但我们班也有一个小姑娘，孙某，高一这一年，我亲眼见证了她的成长。军训期间，班里学生跟我说，孙某用小刀割自己的手腕，学生很害怕。我知道这个事情之后没有立刻找她，而是装作偶然间发现她手腕上的割痕，把她叫出去询问情况。她告诉我，她从初中就开始自残，但因为她是单亲家庭且爸爸是因为抑郁症自杀的，所以她一直不敢告诉妈妈这件事情，也求我不要告诉她妈妈。我就顺势问她为什么自残，她告诉我，感觉自己每天都过得很压抑，妈妈和姐姐给了她太多的压力；再就是因为她说话方式有问题，班里学生都不喜欢她，她就感觉自己被孤立，只能通过自残的方式来宣泄。我了解了这件事情之后告诉她，相比较成绩，妈妈更希望她能快快乐乐地生活，至于同学关系，大家都是学生，不会记仇，既然知道自己是因为什么原因和同学关系不好，那就改，时间长了大家一定会重新接纳她。之后，我给她妈妈打电话，叮嘱她平常多关心孩子，不要给太大压力。接着我又在调位的时候让她和跟她关系比较好的小姑娘做同桌，以便随时观察其情绪状态。这一年来，我看到她的笑容慢慢多了，人开朗了很多，再也没有过自残的行为，成绩也有了很大提高。分班之后我虽然不教她了，但每次她看到我总是会开心地叫我一声"老师"，我也发自内心地为她的转变而高兴。

德育教育案例2

苏霍姆林斯基说过，教育者的关注和爱护在学生心灵上会留下不可磨灭的印象。爱是一切教育的源泉，没有爱的教育就像一潭死水，爱是教育的基本原则和方法，每个学生都是情感丰富、感情细腻的鲜活个体，都想成为那个被关注者。学生一旦感受到了爱和关注，会促使他的行为发生变化，心灵得到触动、唤醒。作为一名班主任，德育教育是其工作的重点和核心，在工作过程当中，一名学生的变化让我深刻感受到爱的教育的重要性。

这个学生性格内向，不愿与老师交流，学习积极性不高，早读效率低下，一个早读只看一本书，不愿动嘴，上课无精打采，容易走神，甚至昏昏欲睡，不把学习放在心上，抱有无所谓的心态，甚至有些"破罐子破摔"。

在刚接触这个学生时，从他平时表现和上课的状态可以初步断定，这是个成绩比较差的学生，期中考试之后果不其然，成绩不出所料，并且他还出现了多次违反纪律的现象。对于他的种种表现，我开始不断找其谈话，和他谈心，了解他内心的真实想法，对他做得不好的地方进行严肃批评，并说明我这样做的理由，让他感受到这样做是在帮助他、关心他。在平时学习中，只要他出现了一点变化和进步就对他单独表扬以及在班级进行表扬，半个学期过后，他的行为较期中考试之前出现了明显的转变，上课不再是无精打采，而是身板坐直了，手拿着笔也记起笔记来了，犯困现象几乎不再出现，期末考试的成绩也比期中考试有了较大的进步。

该生的转变使我深感欣慰，也让我得到了一些感悟，每个学生都渴望得到老师的关注，教育者应保持耐心、爱心，让每个学生都感受到老师的爱。

德育教育案例 3

2009年我担任高二7班班主任时，我们班有一个学生高某某，自来到即墨四中以后一直都有很多问题。这位同学本质不坏，但是小问题一直不断，比如上课故意出去上厕所、上课睡觉、老师讲课时和别人说话。高一未分班前他在高一13班，我是他的地理老师，在我的课上就经常出去上厕所，问他原因就说拉肚子。分班后，他分到了我的班里，坏习惯也带到了新班级，经常因为睡觉、说话被通报，我对此也非常头痛。我曾经为此训过他，罚他抄单词，但效果都不佳。

转折点出现在高三上学期刚开学。这学期刚开学时，高某某表现平平，但是我某一天早读发现他竟然在背书，我非常激动，于是在全班同学面前表扬了他，并号召班里部分男生向他学习。此后几天，他都表现很好。我现在也经常找他谈话，表达我对他的信任和期望。现在，他已经发生了很大改变，这件事让我明白，有时候信任和期望比严厉的说教更有用。

德育教育案例 4

2020年秋天对我来讲意义非凡，在这个象征收获的季节里我迎来了教师生涯中的第一批学生。作为一名青年教师，我深知高中是漫漫人生路上的一个重要阶段，它对人格塑造所起到的作用不可忽视，在某种程度上甚至能够影响到个人的未来发展。我期望在教学过程中不仅仅是传道解惑，更能够在这个充满变数的人生阶段为他们保驾护航。

时间是大自然最神奇的魔术师，在它的引领下，许多潜在的问题都纷纷揭开了面纱。记得高一上学期刚开学不久，我就发现在自己所任教的班中有个男生，他平时在我的课上总是喜欢搞小动作，控制不住自己要去找同学讲话或接话茬，干扰教师正常教学秩序，作业也总是不能按时完成。结合自己所学的教育教学理论，我深知任何教育者在面对受教育者时，都应以"因材施教""因事制宜"为基本原则，尊重受教育者的差异，具体问题具体分析，根据实际情况选择恰当的内容与形式进行教育，切忌用片面、静止的眼光去认识所有人、用僵化的模式去教育所有人。

为了改变这一现状，我连续观察了该同学一周，发现他不按时完成作业的原因其实是他对于学习的不重视，没有感兴趣的学科，我通过与他交谈，了解到他是一个很健谈、很外向的男生，我结合自身经历向他说明在目前这个年龄学习的重要性，询问他未来的梦想是什么，帮他构建未来蓝图，让他意识到，只有认真学习才能实现自己的目标。我还帮他找到了兴趣点，选择美术专业进行高考，在选科方面给予合理建议，让他对未来更加有信心，而不是每天无所适从。而后，他在期中质量检测中取得了进步，我对他的进步表示赞扬，同时提醒他不要骄傲，要持续努力学习才会有更大的进步。

从此之后，他无论是在纪律上还是在学习上，都有了明显的进步。而当他有一点进步时，我就马上给予表扬和鼓励，使他处处感到老师对他的关心。他也逐渐明确了学习的目的，端正了学习态度。我还特意在课堂上当着全班同学对他予以奖励，在全班同学热烈的掌声和羡慕的目光中，他激动地涨红了脸。

这次经历让我深刻意识到：阳光属于每一个学生，赏识教育对于培养学生健全人格、发展潜能具有重要的意义。"罗森塔尔效应"告诉我们，真挚的爱与期望，可以使一个人获得新的生命和动力。教师对学生的赏识其实包含着对学生的爱与期望，赏识教育会更加激起学生在某一方面向深度与广度发展，使学生个性得以发展，潜力得以逐渐挖掘，优点得以放大。"时雨点红桃千树，和风染绿李万枝"，我相信经常赏识学生，必将会迎来桃李芬芳的春天，让我们品味到"百花争艳"的教育美景。

德育教育案例 5

2015年8月底，我服从学校工作安排，任高二5班音乐班班主任并承担历史教学工作。为尽快适应新岗位，我在尽可能整顿班级秩序的同时，也着手进行单独谈话和集体谈话，更深入地了解学生情况。

根据学生的性格特征，我组建了班委会并委任了部分职务，同时结合成绩，和学生共同制订个人学习及成长计划。在刚接手班级时，我就已经听说徐同学与其他班主任诸多的"爱恨情仇"，于是我将其作为重点攻破对象，尽可能正向引导。通过几次谈话以及与其父母的交流，我总结了以下几点：首先，这位同学之前成绩优异，具有相当大的学习潜力和较强的能力；其次，他因曾受关注较多，有些自负；再次，他与父亲在交流过程中会有冲突，却也非常希望得到父亲的认可；最后，这位同学曾做过脑手术，所以身体方面也要关注。

针对以上了解的情况，首先我通过温和的语言对其艺术天赋及之前的成绩均积极肯定，并利用各种现实和历史中的案例教育他，让他明白我对他的认可、尊重与期待。对于具体的学习计划，我们共同商议，比方说他最薄弱的数学，从两天学会一个例题的计划入手，一步一个脚印地踏实进步。在9月份的阶段性测验中，他的整体成绩都有明显的进步。经过一个学期的实践，也证明了我当初的决定没有错：选择相信学生，给他们机会展示自己，在点滴进步中找到自信，获得其他同学的认可。这样就形成了互相促进的良性循环。

德育教育案例6

该生为体育舞蹈专业，高一时曾厌学，有抑郁症。上高二以后我接手了班级，发现该生上课不知道学习，总是发呆，要不就在睡觉，找其谈话了解到由于初中及高一厌学，导致其基础差，上课听不懂老师讲的内容，跟不上老师思路，因不知道做什么而发呆。

我首先了解了一下她的家庭状况，得知其父母工作繁忙，没时间与她沟通，我意识到该生平时缺乏父母关爱，转化不能操之过急，于是我先与她"约法三章"：上课不能跟同学说话；不能睡觉；不准发呆。我经常上课的时候去教室观察她的状态，发现效果并不明显。

其次，我分析，她之所以上课发呆主要是因为觉得没事可做，我就给她布置任务，上课让她抄例题，抄公式定理，目的是为了打好基础，同时我也告诉她：跟不上老师讲的并不是你笨，只是你的基础不好，那就在听不懂老师的内容时研究例题，把例题搞明白，一步一步由浅入深才能跟上老师的节奏。英语课我就让她背单词，每天背至少10个单词，然后多阅读文章，提升词汇量和阅读量。慢慢地，我发现她在课堂上知道学习了，不再坐在那里发呆，也不跟同学说话了，跟她谈话的时候也能明显感觉到其性格开朗了许多。

对学生的转化不可能一蹴而就，在转化过程中，可能会多次反复，只有付出信任与赏识、耐心和爱心，才能促使其养成良好的行为习惯和学习习惯。

德育教育案例 7

班上有一位同学，一开始表现十分积极，在课堂上十分活跃，但一段时间后，我发现该同学与同学们的关系并不是很好，集体活动形单影只，不跟其他同学合作，同学们对他的评价也越来越低。他对课堂上积极回答问题的同学经常冷嘲热讽，课上回答老师问题时比较积极，但是态度不是很端正，课下在跟同学相处时脏话连篇，同学们与其慢慢疏远。

据了解，该生父母离异，现在跟着父亲生活。父亲工作比较忙，对孩子的关心比较少；母亲已经再婚，已生下一位妹妹，只有放假才可能会有时间和他交流。母亲可能由于自觉对其有亏欠，在平常对其比较溺爱。同时该生有一位双胞胎哥哥，在重点高中学习体育，成绩较好。平时在父母和哥哥的让步下，他做事不太在乎别人的想法，容易以自我为中心，做事为所欲为。

该生虽然平时在与同学相处时存在问题，但是对于班主任还是较为尊重的。我首先通过与班里其他学生的沟通，了解了他平时存在的问题以及同学们对他的看法。接着我便找他谈话，让他主动说一下他对于与同学们相处时的自我感知。他自己也主动承认存在问题：在与同学们交往中容易控制不住自己的脾气，只有关系比较好的同学才能劝住他。我便从这方面入手，找与他关系较好的同学谈话，鼓励他们在各方面帮助他，并经常对他进行引导。同时我也与他的父母交流了他在学校的表现以及存在的问题，让他们帮助引导他与同学们和平相处。

通过一段时间的帮助和引导，该同学有了不少变化。正值该生生日，他主动提出想占用大家几分钟说几句话，我同意了。他主动走上讲台，说出了自己的不足，向同学们郑重道歉，同学们接受了他的道歉，并且祝他生日快乐。

现在的高中生都处于逆反期，不要急于批评教育，而是应通过日常交流沟通，建立信任，让学生感受到老师的关心。我们只有把握学生的生理、心理特点，科学地教育学生，才能让学生成为有用的人。

德育教育案例8

刚接手这个班级的时候，我就对这个男生印象深刻。他17岁，2020年进入我校学习，从前班主任那里得知，该生对学习无兴趣，上课睡觉、看小说，甚至和女同学交往密切。他父母离异，跟随父亲生活，后来其父亲重新组建了家庭，对他管得不多，导致他出现了一系列问题。经过开学到现在这一个多月的观察，我发现这个学生其实心地善良，有一定的责任感，所以我让他担任班干部，继续加强他的集体荣誉感和责任感。一段时间以后，在他身上，我又发现了可取之处，他做错事敢于承担，别人做错事他敢于批评指正；上课积极发言，知道主动学习，在不闹事的时候还是挺招人喜欢的。在后续的一些班级活动中，我都让他积极地参与进来，让他提高集体意识，从而达到消除行为懒惰的效果。经过一段时间的共同努力，这名男生的改变是有目共睹的，他不再随心所欲、目无纪律，而是能按时完成作业，和同学友好相处，成为老师眼中进步最大的学生。我相信，有这样一种积极进取、乐观向上的精神，他一定会取得更大的提高和更好的成绩。

德育教育案例 9

2021年，我成为班主任。学期伊始，我便注意到了一个学生有多种不良习惯：上课经常迟到，打预备铃之后很久才能回到教室；课上不认真听讲，要么搞小动作，要么插话；经常顶撞老师，喜欢"硬碰硬"。

鉴于以上种种，我决定找他谈话，让他好好学习，遵守纪律。他口头上答应得很好，可实际上还是一切照旧，让人非常头疼。

多次谈话无果，我感到筋疲力尽，甚至想放弃这个学生。可是，我身为班主任，不能因为这点困难就放弃。我首先引导他认识错误，告诉他希望能以朋友的身份交谈，不再对他那么严厉。多次深入交流后，我渐渐地取得了他的信任，他也逐渐认识到错误。其次是让他和同学友好相处。他其实本性不坏，只是嘴上不饶人，为了让他融入班集体，我时常让他帮忙擦黑板、搬书，为班级做贡献，再表扬他，渐渐地，大家都发现他比以前勤快了，相处起来也越来越融洽了。

作为教师，应尊重和爱护每一位学生，应该从朋友的角度去跟他交心。对于上面这类学生，我选择以关爱之心来感动他，使他认识不足，改正缺点，不断进步。只有我们付出真诚的关怀和师爱，才能深入学生的心中去了解他们。

德育教育案例 10

作为一名教师及班主任，对于学生，我不仅需要传播知识，还需要关注学生的成长，时刻注意德育，帮助学生树立正确的"三观"，养成良好的品行。

沃同学是我们班的一名男同学，开学以后问题不断：不做作业，上课时总是管不住自己，喜欢发呆、走神或者睡觉，经常迟到，可以说毫无纪律观念。

在我多次管教和惩戒之后，沃同学的问题不仅没有改观，反而更变本加厉了。我意识到，单纯的行为纠正改变不了沃同学。从那之后，我开始更多地关注他，慢慢了解了具体情况。学习方面，他学习基础差，学习能力较一般同学弱，往往难以跟随老师的讲课进度，造成了他现在的自暴自弃。生活方面，他是第一次住校，难以适应住宿生活。

针对问题的源头，我做出了相应的安排。首先，为沃同学安排性格相近的同学对其生活和学习进行新生入学式的指导，引导他养成正确的学习生活习惯。其次，我和他父母沟通，并进行三方交流会。最后，安排成绩优秀的同学对他进行辅导，并且我利用闲余时间也会对他进行辅导和答疑。

多管齐下，沃同学树立了信心，有了学习目标，成绩有所进步，生活有了自己的节奏。学习和生活都有所改善后，他以前上课迟到、睡觉和说话的毛病竟然自动消失了，他明显会自己约束自己了。

德育是用心进行的，教育是"以真心换真心"的过程。

德育教育案例 11

学生自习课不守纪律的问题以往一直困扰着我，自从高一带上这个班起，我就一直非常注重培养学生的自律能力。我以往也制定了一些班规、班级公约，设立了值日班长制度，想了好多办法，但都好景不长，坚持不下来。实在没办法，我狠狠把学生批评一顿，有时似乎也起到了一定作用，纪律确实好了很多，也让我很欣慰。可是，一旦有些同学不自觉，打破了安静的自习氛围，就很难再恢复平静了。

一天，我在班级看晚自习，教室里很安静，同学们都在认真地看书、复习。突然，我的手机显示有来电，我拿出一看，原来是一位家长打来的电话。于是，我起身离开教室，去外面接听电话。这位家长很关心孩子，不停地问这问那。一转眼，十分钟过去了，那位家长还没说完。最终聊完刚走到教室门口，我却发现学生已经在教室里大吵大闹了，我的怒火一下就上来了。

我猛地推开门，怒气冲冲地站在教室门口，喧闹声戛然而止，所有的人都抬起头来，看了一下又低下了头，好似在等待着什么。当时我怒火上冲，想揪出几个人来大骂一顿。而此时另一股力量也在不断提醒我：要冷静，要冷静！我铁青着脸，一句话不说，站在门口看着他们。对这些学生的不自觉我十分恼怒，可是我努力地压制着怒火，控制着自己。因为无数次经验教训告诉我，在最生气的时候把学生痛骂一顿并不能起到预期的效果，而一旦说出什么过分的话，冷静下来之后还需要去做工作弥补，其实十分不划算。可是，今晚学生的表现的确十分不好，必须要趁此机会给他们一个大的教训，让他们真正明白遵守纪律的重要性。

我该怎样办呢？沉默了好几分钟之后，我开始说话了："刚才我只是去接了我们班一位家长的电话，你们就这么吵，我十分生气，也十分难过，不是生你们的气，而是生我自我的气。我要好好反思一下这两年来对你们的教育，为什么竟然如此失败！"我的话音低沉而缓慢，听到这话，同学们的头压得更低了，教室里静得连喘气声都能听到。我沉默了一会儿，之后又说："我觉得我是一个不称职的班主任，我没有让你们真正成为自律的人，这也许是我能力有限，我要惩罚一下自己，我决定去操场罚跑十圈，让自己清醒清醒。"这绝对是一种心灵的煎熬。有个别女生想说话，嘴巴动了动，最终欲言又止。

又沉默了大约五分钟后，我对他们只说了三句话。第一句是：如果你们平时的自习纪律都像此刻这样，我将永远以你们为自豪。第二句话是：我期望我教出来的学生都能够严于律己，做一个真正自律的人。第三句话是：还有剩下的两个多月时间，我期待你们的表现。

那天以后，不断地有教师夸赞我们班自习课纪律好。在自习课上，如果有同学说话声音大了一些，立刻就会有人提醒他不要讲话，而被提醒的人也感到好像做错了什么，立马就安静了。那个晚上的事情，给所有学生上了刻骨铭心的一课。

这一次为什么能收到这么好的教育效果呢？我觉得原因是我首先把自己摆在和学生平等的位置上；其次是能及时捕捉教育的机会，再结合学生实际，从关爱的心态出发，动之以情，晓之以理，又给学生留有思考的余地，让学生真正从心底感受到老师对他们的关心和爱护。有尺度的批评才能收到良好的效果。

孟子曰："以力服人者，非心服也，力不赡也；以德服人者，中心悦而诚服也。"只有"春风化雨"，才会"润物无声"。

德育教育案例12

王某某同学，学习缺乏主动性，经常不能完成作业，不刻苦，缺乏毅力，没有钻研精神；性格倔强、固执；与人相处和处理事情不计后果，缺乏自制力，责任感淡薄；自我管理能力较差，有依赖心理和惰性，聪明但不爱多动脑。

作为班主任，我经常主动找他谈心，也让其他同学多找他交流，使他体会到班级的温暖和快乐。对于他的厌学，我则采取文火慢工的方法，从基础着手，采用帮学帮练、多鼓励、多表扬的方式，使他对学习产生乐趣。同时，用爱心去关怀爱护，用爱心去严格要求，使他真正理解教师对他的关爱，促使他形成良好的行为规范。

经过长时间的努力，现在，他尊重老师，对学习目的有了明确的认识，成绩逐步提高。其任性、固执得以缓解，办事能有目的性，逆反心理在减弱。他现在仍缺乏刻苦学习的精神，对较难的问题易放弃，缺乏毅力，抗挫折能力较弱。对于他的教育仍是长期性任务，我希望他会成为坚强的有知识的身心健康的人。

德育教育案例13

班级内部的偷窃事件在班级事务管理中公认比较棘手，它不仅涉及学生的思想、道德、心理问题，甚至还涉及法律问题。如何处理班级内盗事件，没有固定的方法和模式，在此，我通过亲身经历的一个案例来谈谈自己的看法。

开学后的第三个礼拜，有天晚上我接到女生赵某的电话，说她丢了200元钱。当时的我先是感到很吃惊，紧接着又产生了一种侥幸心理——吃惊是因为开学才不到一个月，没想到会在自己班里发生学生财物丢失的事情；侥幸的是因为丢钱的这个学生平日里就有点丢三落四，所以接到电话的时候，我先安抚她的情绪，让她自己好好想想是不是自己把钱放错了地方，再回想一下钱是在哪儿丢的，之后联系班长，让她到各个宿舍通知其他同学保管好自己的贵重物品。因为已经是晚上九点多了，学生还要休息，所以事情只能先这么简单处理一下。

思考后，我采取了以下处理措施。

1. 稳定学生情绪，了解具体情况，增强学生自我财产保护意识

第二天晨会时，我找到赵同学，向她询问了具体情况。她十分肯定地告诉我，钱就放在自己的上衣口袋里，排除了自己弄丢的可能性。考虑到这种事情的公开不仅会在班级内部引起恐慌和猜疑，而且如果真的是班级内部同学的行为，还会给偷钱的那个学生造成很大的心理压力，万一做出什么过激的举动，后果将不堪设想。所以我召集了各个寝室的室长，让他们在宿舍里告诉寝室成员如何保管好自己的财物，并且要不厌其烦地告知他们保管好自己财物的重要性和必要性，让他们认识到保管好个人财物是自己的职责。除此之外，我让班长和每个寝室长负责做好监督、检查工作。

2. 进一步搜集细节信息，综合分析，有理有据地推断

在稳定好赵同学的情绪之后，我们把范围锁定在隔壁宿舍的五位学生身上。根据赵同学自己的叙述，平时她们两个寝室离得最近，所以两个寝室的同学经常互串寝室，而且根据隔壁寝室罗同学提供的线索，当日看到沈某曾经在她们寝室无人时进出过。我利用晚自习的时间把408寝室的同学叫到办公室，每人发一张纸写自己知道的情况，谁也不能说话，只能用笔写字。在学生写好了材料以后，核实材料真实性的同时，观察学生的神情，看她们是否过于紧张或过于镇定，是否过于简单或过于详细。经过一番询问，最后猜测沈某的嫌疑最大。

3. 深入学生内部，用心交流，适度引导，营造宽松且有一定压力的环境

为了获取更多的信息，我再次走进408寝室，跟学生谈心。为了给"嫌疑人"制造一定的心理压力，我一改之前低调的处理方式，在晨会、班会上不断地提到偷东西的事情，一方面告诉学生如何保管好自己的财物，另一方面着重讲述偷窃对别人尤其对自己产生的危害以及学校对类似事件所采取的处罚措施。我感觉自己已经给了那位学生足够的时间来承认错误，可是这种等待让我坐立不安，必须要采取行动了。在征得408宿舍五位学生同意的情况下，我特意给她们请了一个下午的假，让她们当着宿舍其他同学的面，把自己的东西整理一遍。最后，没想到又会冒出一件"案中案"——沈某承认拿了赵同学的一件外套，但不承认偷钱的事情。加上周五学生要回家，我就叮嘱了沈某"回家路上要小心"之类的话，然后回到了自己的办公室。星期一早上，我刚进办公室，沈某就来找我。她轻声在我耳边说："老师，你能出来一下吗？"于是，我带着她走进了会议室，她把偷钱的前因后果都一五一十地说了出来并真心表示悔改。而从那以后，沈某表现也很好，后来还当上了寝室长。看到她的转变，我打心眼儿里替她高兴。

她一念之差偏离了轨道，最终又回到了原点。

换位思考，因材施教

山东省青岛第五十八中学　丁旭东

　　教育是要对被教育者产生多方面的长时间的影响，是对其素质的提升，是塑造人的工作，而不只是制造具有一定技能的劳动机器。对人的一生更有意义的不是一时一刻的分数和一些具体的操作性知识，而是人的优良品质和正确的价值观念。德育工作是做"人"的工作，必须以人性思维为出发点，而能否赢得学生的信任，是德育工作成功与否的决定性因素之一。它很大程度上取决于是否能引起学生的共鸣。其前提是教师能否设身处地理解学生的感受，正确、公正地对待所遇到的事情，理解学生的行为。三年的班主任工作经历使我感触颇深，学生们时而让你感动欣慰，时而惹你生气，而我个人的感受也从"他为什么就是不听话"变成了"他们还只是个孩子啊"。他并不是想和你作对，只是他还不成熟，是个需要大人引导的孩子。作为老师，有时我们需要换位思考，站在学生的角度或立场考虑问题，以心交心。

　　我班的小梁同学就是一个让我很"头疼"的学生。他很聪明，能言善辩，接受知识的能力强，但学习主动性和行为习惯很差，上课不遵守课堂纪律，课后不能按时完成作业，经常自己不听课还干扰别人；在老师、同学讲话时喜欢接话，只要受到老师批评就会情绪激动，有时上课会讲一些和课堂无关的话。我找了小梁同学几次，对他进行批评教育，常常是"谈话三十分，奏效十分钟"。

　　既然我谈话不管用，那么找找家长吓唬他？事实证明成效并不大。但我从其父母那里也了解到了一些情况，他小时候父母因为工作忙而把他寄养在爷爷奶奶家，他缺少父母的呵护和关爱，祖辈们对其是一味地溺爱。家庭教育方式、社会环境影响等方面的原因，使他心理严重失衡，由此带来了行为反应偏差。其实，他是想利用一些夸张的行为方式引起大家的注意。

对于作为班主任的自己，我也做了一番分析。在学校里，面对着50多人的班级，若是对一些同学关注不多、了解不够，就会武断地判定这些同学的行为品质，甚至给予差评。久而久之这些同学也会逐渐产生失落感，在班里得不到适时的表扬与肯定，慢慢地他们选择了不相信自己，越来越看不到自己身上的闪光处。另外，学校生活中，不少教师表现出对学优生的偏爱，也无形中影响着多数中间层的学生，给他们造成一定的压力，滋长了自卑心理。

后面我找他谈话，他保证得很好，但收效甚微。而他真正的转变是从那次我在班里表扬他开始。我关注到体育课有同学晕倒，他跑前跑后，与我一起留守到最后。每次考试完恢复教室课椅位置，他早早到位，最后几把无人认领的椅子总是他搬回来的。我把他为班级、为同学做的每一件事都讲给同学们听，将他树立为热爱班集体的热心、负责的典型，让他当小组长。慢慢地，他的英语作业字迹更认真了，绝大部分时间能认真听讲，发言也较以往积极，学习成绩稳步提高。看到他的进步，老师们、同学们都很欣慰，对他的看法也不断改变。

换位思考的第一步，着眼于根源。其实很多问题的背后，都隐藏着更深层次的原因，这些原因可能是学生自身的，也有可能来自家庭。所以教师要站在学生和家长的角度分析，就像冰山一样，露在水面上的这一角下面往往藏着更加巨大的冰块，水面下的冰块才是解决学生问题的关键。而要发现根源性问题，就需要站到对方位置上去思考、感受。

换位思考的第二步，寻找闪光点，激励引导学生。美国心理学家詹姆斯说过，人性最本质的愿望，就是希望得到人的赞赏。在换位思考中，应该合理运用激励，促进学生的全面发展。只有及时的褒奖或批评才能起到更大和更积极的教育意义。当学生有了进步、取得了荣誉，他们会无比自豪，对学习充满激情。班主任若能理解学生的这种心理，及时抓住他们的兴奋点给予表扬和激励，将会收到事半功倍的教育效果。

换位思考的第三步是在班级中重塑形象。必须在班中对学生的每一个优点、每一点进步进行公开表扬，同时，给其一定的压力——接受全班同学的监督，当然，还必须反复找其谈心，开导、鼓励，使其转化保持持久性。

《孙子兵法》有云："凡战者，以正合，以奇胜。"班主任工作面对的情况千变万化，面对的学生个性各异，在常规工作、常规方法行不通或不能达到好的效果时，班主任就要学会换个角度去思考，要想成为学生的导师，要想得到学生的信任，需要付出更多的努力。学生都是有思想、不断发展的个体，没有谁天生是一块顽石，在他们的内心深处，都有一块最柔软的地方。教师要赢得学生的尊重，仅有较高的教学水平是不够的，还要有与学生平等交往的勇气和引导学生解决困惑及疑难的能力。作为一名新时代的教师，我们要拥有敏锐的眼光，积极思考，打开每个学生的心扉，与学生共同进步，在工作中不断探索和实践，真正做到教好书、育好人。

决策正确施行的保障——科学管理

山东省青岛第六十七中学　刘洋

　　有了民主的决策，还需要科学的保障，双管齐下，才能让班规精准发挥作用。在班级运营中科学的管理策略主要有两种实施方法——班规反馈完善法和劳动责任分配法。

　　班规反馈完善法即在民主实行班级管理方案的过程中，不断收集班委的执行建议、学生群体共同的问题以及家委会的建议，综合考量，对班规进行修订完善。比如在班级手机管理制度运营一学期后，我们发现在选择带手机进校园的同学中，选择将手机交给班主任或者导师保管的学生的违纪率最低，而选择机械管理的学生违纪率最高。因此在征求大家的意见后，班级在下学期对手机管理制度做了相应调整——取消机械管理法。当然，也鼓励同学们选择由班主任或导师管理的方法。

　　此外，劳动责任分配法也是科学管理策略的运用。一个班级的劳动活动如果完成得不好，会在很大程度上影响这个班级的凝聚力，造成责任推诿、懈怠拖延的大问题。而劳动活动的关键点在于集体劳动不能"吃大锅饭"，劳动责任分配法应运而生。这个制度的牵头人是劳动委员。每天的值日、每周的大扫除是日常劳动，而劳动责任分配法的好处往往在特殊的劳动活动中凸显出来。学农活动就是极佳的集体劳动实践课堂。我们班的同学在高一时参加了学农实践活动。活动丰富多彩，以农业领域的实践学习为主，方方面面都需要集体的互助配合。有一节活动课中，课堂的开设地点非常特殊，是在一处丘陵的半山坡上。因为在这里我们将要学习"果树管理"的课程。基地老师给同学们介绍了如何对果树进行培育，包括修剪杂乱枝条、清除杂草、翻土等，并教给同学们如何进行操作。掌握了方法后，同学们的实践活动任务便是完成一定区域内的果树管理。这个时候就需要实行劳动责任分配法了。劳动委员现场指挥，手持大喇叭对同学们说："愿意修剪枝条的站到我的左手边，愿意清除杂草的站在中间，愿意翻土的站到我的右手边，注意每组人数要差不多。"按照同学们的意愿，全体同学平均分成三组。基地的老师根据每组的人数分发农业工具。"每列五棵树，我们每人可以每人一列！""我们小组先划分一下各自的区域吧！""修剪完一棵树大约需要多长时间？""每个人大约20分钟就可以完成自己的任务。"……同学们共同商议如何分配劳动任务并高效完成的具体办法，劳动委员也将合理的想法一一安排落实。"还有其他问题吗？"我问道。"没有其他问题就开始行动吧！"明确的劳动责任分配制度和新颖的劳动方式，让同学们干劲儿十足，我也跟他们一起劳作，用照片记录了劳动过程中的很多美好瞬间。不到15分钟，我们就已经把承包区域的果树都修理完毕。很明显，同学们还没"玩"够，有几名同学完成了自己的任务，问过基地老师后，主动去修剪其他果树去了。在劳动结束后，基地老师送给每个同学一份礼物——"同学们，这一份'礼包'就是这个山坡上结出的果实，我们的真心付出，换来了大自然的倾情回报，送给大家留个纪念！希望同学们以后也可以用劳动亲近自然，爱护我们共同的家园！"这次劳动能高效地完成，不只是因为劳动责任分配法的合理运用，也是因为同学们在亲近自然、感受生命的过程中激发了热情。

理性教育必修课——情绪管理

山东省青岛第六十七中学　刘洋

　　情绪管理是班主任的必修课。在对学生进行教育和管理时，班主任不可避免地会出现情绪上的波动，如果带有负面情绪，则很有可能会产生一些问题。班主任做好情绪管理，有利于培养积极乐观的心态，把握处理事务的正确方法，提升职业幸福感。就学生层面而言，班主任的良好情绪会有感染性和带动性，有利于培养出心理更健全的学生。因此，情绪管理对于班主任而言至关重要。

　　有效的情绪管理分为控制消极情绪和提升积极情绪两个方面，下面谈谈我的具体做法。

一、控制消极情绪

　　对消极情绪的正确管理应该是"适度控制"而非"强行压制"。一谈到消极情绪的管理，大多数人会把注意力集中在压制消极情绪方面。当然，消极情绪确实在生活中严重影响了人们的一些行为，但是如果只是一味地压制消极情绪，极有可能还会造成情绪压制后的一些心理问题，不利于心理健康。而且适当的消极情绪在一些重要事件面前是可以有效唤起当事人的危机感和责任心的。因此，对消极情绪的管理重在"度"。

1. 预防是控制消极情绪的重要途径，也就是防患于未然，在消极情绪产生前就做好充分准备

（1）预防消极情绪的产生需要班主任做好自我心理建设，提高抗压能力。既然做了班主任，就肯定会遇到各种问题，会产生心理、情绪上的波动，这些都是正常现象。有这样的心理建设前提，那么班主任在教育管理过程中真正遇见问题的时候，情绪波动的幅度就会明显降低。

（2）避免消极情境的产生也可以预防消极情绪。有很多消极情绪可能是班主任自己引发的，因为班主任可能在不经意间就创造了一个消极情境。班主任需要做到尊重学生，不当着其他同学的面批评学生等，这些行为就是在避免创造消极情境。这样便有效地减少了由消极情境而引发的消极情绪，也是从班主任的角度可以实施的有效措施。

2. 基于ABC理论的合理情绪疗法

心理学在情绪管理上也发挥着重要作用。在控制消极情绪方面，合理情绪疗法具有典型性。合理情绪疗法也称理性情绪疗法，基于美国心理学家埃利斯创建的ABC理论而产生。A（activating event）表示诱发性事件，即引发人们产生不良情绪的事件；B（belief）表示个体对A诱发性事件而产生的信念、反应；C（consequence）是个体产生的情绪和行为结果。

ABC理论认为，个体产生的情绪和行为结果C并不是由诱发事件A直接决定的，而是由个体对于诱发事件A的看法和信念B决定的。就好比同样是看到班里想法较多的同学（A），有的班主任会觉得同学们的活跃性有利于开展丰富多彩的班级活动（B），从而产生积极的情绪（C）；而有的班主任会认为这样的班级不利于班级纪律管理（B），从而产生厌烦的消极情绪（C）。也就是说，消极情绪C来源于不合理的信念B。控制消极情绪也就是要控制不合理的信念B，因而产生了合理情绪疗法。这种疗法的本质就是面对问题事件时，训练自己产生合理的、积极的信念，从而避免消极情绪的产生。塞利格曼（积极心理学的创始人之一）等人又补充了D反驳（disputation）和E激励（energization），为合理情绪疗法提供了切实可行的做法，帮助人们控制消极情绪，培养乐观的心态。就班主任的工作实践而言，具体做法可以有以

下几种。

（1）去绝对化。"我们班这次期末考试成绩必须拿第一！""这个月的量化积分一分都不能扣！""这个学生这么不听话，谁都管不了了！"有些绝对化的想法会激励班主任和班级奋勇争先，但是过于绝对化的信念就成了偏执，出现一次偏差，便会给班主任带来消极情绪。班主任发现学生期末考试没考好，不代表一定没有希望了，不代表学生这段时间没有努力，也不意味着下一次不会考好；发现学生对自己的工作有意见，并不代表自己一定不是一个优秀的班主任。带着"希望"和"信念"去管理学生，就会有效控制自己的消极情绪，改善当前的问题。

（2）反驳不合理信念。我带过一个物、生、地组合的班级，人员组成复杂，既有文化课学生，也有艺体类学生，而且男生占比偏大，学生的问题此起彼伏——今天顶撞老师，明天宿舍违纪，后天自习课随意说话……处理学生问题的时候我经常感叹："调皮的学生都集中在一起了，我可真是倒霉啊！"可是这样的想法并不会有助于学生问题的解决。后来，我试着改变自己的想法，反驳之前的"倒霉"信念——"我的学生还只是有卫生、纪律方面的小问题，人民警察可比我辛苦多了啊！"有这种想法，消极情绪便会得到有效控制，甚至还令我觉得违纪的学生已经很"老实"了，也没有那么令人头疼了，从而能够让我避免以消极情绪处理学生问题。

3．"积极的暂停"

"积极的暂停"是正面管教所提倡的一种管理方式，也是冷热系统模型理论中的冷系统处理方式。它作用的机制就是在问题双方产生消极情绪后进行"冷处理"，让消极情绪"消化"一段时间，再让双方冷静、理性地去处理问题，从而产生更好的、积极的处理效果。

"积极的暂停"适用于班主任和学生产生正面冲突的情境，若冲突已经发生，此时并不适合解决问题，而是应该给这场冲突"按暂停键"。"你觉得你现在能够冷静地把问题说清楚吗？""你觉得你现在的情绪适合解决问题吗？"……在面临跟学生发生或者即将发生冲突的情境下，我会主动用一些问题引导学生为即将产生的消极情绪"按下暂停键"。给自己一段时间冷静一下，平复心情后再处理问题，往往会有更好的效果。

这样的方式同样适用于学生之间的矛盾纠纷。小泽和小立平时很要好，可是有一天这两个男生却在班里打起来了。我知情后，并没有立刻处理二人，而是让他们来我的办公室待着。刚开始两个人站得很远，背对背，谁都不服气。过了20分钟，小泽沉不住气，过来问我说："老师，我们回去上课吧！""这节课在我这里'自习'就行了，你们现在的情绪不适合听课，不用回去。"听了我的话，小泽又默默走到了一边，两个人由最开始的背对背站着，到自己翻着学案看。终于熬到下课了，两个人主动过来找我解释。"你们为什么打架呢？""因为一张卫生纸。"小立说着自己都哭笑不得。小泽说："也不是大事，我跟小立借卫生纸，他不给我，我就恼了，别人借你都给，怎么不给我呢？亏咱俩平时还这么好，于是就动手了。""我这两天流鼻涕比较多，卫生纸不够用的了，就没借给他。"小立解释。我听了也是哭笑不得，两个大男生因为一张卫生纸打了起来，现在想想也都觉得难为情。我在跟他们进行谈话后，又让两人写了一份"心理活动说明书"，两个人也跟我做了保证。这件事解决的关键不在于我的口头教育，而在于那个"积极的暂停"帮助两个人控制了消极情绪，从而使他们能冷静地处理矛盾和问题。

二、提升积极情绪

除了控制消极情绪，情绪管理还应该注意提升积极情绪。有人会问：积极情绪不好吗？还需要管理吗？我们当然都希望自己能够拥有积极情绪，但是微小的积极情绪通过一些措施可以转化成影响力更为持久的积极情绪，而过度的积极情绪会令人在重大事件面前盲目乐观。因此积极情绪不仅需要管理，也要注意"度"的问题。

在积极情绪的管理方面，心理学也提供了支撑理论——积极情绪扩建理论。这种理论认为，个体的积极情绪体验不仅可以扩展个体体验积极情绪情景时的思维认知能力和行为操作系统，同时还能够建构和增强个体的身体资源、认知资源、心理资源和社会资源等。更重要的是，通过扩展和构建，可以改变个体原来的注意、认知、行动模式，并使原有的思维-行动模式上升到一个新的高度，进而获得更加积极的情绪体验。

要提升积极情绪，我的做法便是将积极情绪记录和分享。情绪如何记录？最简单的方式便是拍照留存。精彩的小组活动、整洁的教室卫生、勤奋学习的身影……这些画面都是班主任积极情绪的来源，我经常拍照留存，和家长们分享学生们的努力和成长，我的积极情绪在原来的基础上得以扩建和提升。此外，文字记录也是必要的，或是朋友圈文字，或是工作手册记录，文字整理形式不限。在记录中，积极情绪也被反复品味而得以扩建。

总之，情绪是可以进行有效管理的。有意识地做一些情绪管理训练非常有用。我们所在的陈瞻名班主任工作室，就组织过这样的情绪体验、管理训练活动：先体会一下三个人用手指着你进行批评责备的感受，再体会一下三个人给你鼓励和支持的感受，说一说你的情绪有什么不同。通过换位思考，我们也懂得了应该运用尊重学生的方式去处理问题，控制消极情绪，提升积极的情感体验。

培养能力——"授人以鱼，不如授人以渔"

山东省青岛第六十七中学　刘洋

　　"授人以鱼，不如授人以渔"这句话对于教师而言，意为传授学生知识，不如教给学生学习的方法；而对于班主任来说，意味着替学生去做，不如让学生领悟并学会做事的方法。

　　在这些方法中，有"一言而可以终身行之者"，即"通往广场的路不止一条"。这句话是我至今学习与生活的重要法宝，我相信也是学生能够自立的信条。"通往广场的路不止一条"是一篇课文的题目，文章内容主要是作者通过讲述自己的人生经历，印证了小时候父亲告诉他的这句话——"通往广场的路不止一条。生活也是一样，假如你发现走这条路不能到达目的地的话，就可以走另一条路试试！"这跟"All roads lead to Rome."的道理是一样的。我也多次受到这句话的影响，将很多原来认为的不可能变成了现实。

　　作为一名班主任，我也希望将我的生活法宝传给同学们，最好的办法就是让他们在学习生活中用这句话去解决问题。每年我们学校都要举办"孔子文化节"，语文组作为承办者，需要协调处理道具、服装、舞台等多个问题，但是这些问题并不是语文老师的专业，就需要和学生协商处理，这就增加了很多可以让学生得到锻炼的机会，让他们去找方法。

　　比如我们班有一个节目需要四个大鼓作为道具，学生首先想到的就是找商家花钱租，结果调查发现，一个大鼓一天的租金就要200元，学生需要训练几天，这样花销实在太大。我否定了他们的这个提议，提出要将开销降到最低，最好不花钱。于是班委动员同学和家长到处借鼓。我也向学校艺术团求助，借到了一个，但是我没有告诉学生，静候他们的成果。短短的小假期后，只见我的办公室多了两个大鼓，学生自豪地告诉我这是小雪同学从村委会借来的，家委会还借了两个大鼓，一会儿就到了。最后班里总共凑了六个大鼓，远远超出我们的预期。同学们也有感而发——"幸亏老师当初阻止我们去租鼓啊！"我们的节目也顺利表演。

我在事后召开了主题班会，总结我们的经验。"之前我们认为借鼓很难，想要花上千元租鼓；结果走了另一条路，去尝试借鼓，不仅有了鼓，而且节省了班级开销，这就是'通往广场的路不止一条'。生活也是如此，要为自己的困难找解决办法，而不是找做不成的理由。"真实的生活是主题班会最好的素材。

日常管理——学生违纪处理

山东省青岛第六十七中学　刘洋

　　处理学生违纪问题是班主任的一项日常工作。学生违纪后的及时、有效处理对于班级秩序的稳定和班主任威信的树立极为重要，同时这个"日常工作"所消耗的时间、精力也将大大节省。而学生的违纪程度有大有小，大到打架斗殴，小到自习说话，需要采取不同的处理方式。

一、对小的违纪进行"场景回顾改造"

　　小的违纪主要指发生在班级内部的能及时控制、对班级影响较小的违纪行为。常见的如自习课违纪说话行为。而我在面对自习课纪律的问题时，经常让违纪学生进行"场景回顾改造"。高二刚进班时，我对学生还不了解，但是经过一段时间的观察，发现小凯同学在自习课上容易控制不住自己，经常趁老师离开时跟前后左右的同学说话甚至嬉笑，给他自己和周围同学的学习造成了一定的影响。我相信他在高一一定经历过多次的口头劝导，但就目前来看小凯并没有决定改变。于是我想如果能让小凯自己意识到说话违纪行为的影响，那处理效果应该会好很多。于是我借助班级监控，将自习课上小凯违纪的画面截取下来。再见到小凯同学的时候，我带他来到了我的办公室，并将截取的画面给他看。刚看的时候，小凯瞪大了眼睛往镜头前面凑，然而不一会儿就发现了我要给他看的东西就是他的违纪场景，他不好意思地笑了。跟老师一起进行"场景回顾"，小凯同学在感到羞愧的同时，也体会到了老师的用心。看了还不到一分钟，小凯同学主动说："老师，不用看了，我知道我哪里没有做好了，我后面肯定不会让您再看到我的'动态'视频了。"我给予了小凯肯定和信任，并继续观察，发现小凯的自习课纪律大有改善。合理利用班级监控，适时进行"场景回顾改造"并保护好学生隐私，有利于让学生从心底激发对自己违纪的羞耻感，从而减少此类违纪行为的发生。

二、对一般性违纪进行"劳动改造"

一般性违纪是在我前期接手班级阶段处理频率最高的事件，因为宿舍情况反馈是每天都要进行的。若能将这个方面的问题妥善处理，在学生心中形成规范，不但有助于班级的有序管理，还能节省班主任的精力。高中生的宿舍违纪问题又分为纪律问题和卫生问题，在我看来这两方面问题都同样重要。我经常采取的方式便是"劳动改造"。当学生宿舍因为纪律问题扣分时，需要启用"脑力劳动改造计划"，即利用学科优势，进行主题作文写作：责任人需要写一篇关于"个体与群体"关系的议论文，将个人事例作为论据进行合理阐释和运用。继而安排最近一周内扣分最多的同学担任组长，负责统计和督促上交，直到下一个比他扣分还多的人出现，再换任组长。当卫生扣分时，主要运用"体力劳动改造计划"，根据扣分情况，安排扣分同学负责本寝室2—5天的宿舍卫生或者班级卫生。小丽同学在执行此任务时，本来是违纪改造，却在卫生管理中增强了班级的集体意识和责任感，不仅自己的卫生习惯有了改善，而且这一段时间的管理也被同学们所认可，因而担任了我们班新学期的卫生组长。这件事也让我感觉到班主任的责任不在于替学生做什么事，而是给学生提供做事的机会，这样才能锻炼学生的能力，使学生获得进步。

三、对大的违纪进行"全方位改造"

学生若出现恶劣行为及影响的，一般构成大的违纪。一旦出现这样的违纪行为，势必反映出违纪学生的某些较为严重的个人问题，需要班主任"严阵以待"，对违纪学生进行"全方位改造"。

首先是让其从思想上进行自我反省，这就离不开写检讨书，但是他们写的内容大多是在承认错误，而很少反映其心理活动。我将工作以来的检讨书收集起来，已经塞满了一个信封，再去翻阅，里面的内容大多千篇一律——"我认识到了自己的错误""我的行为给班级造成了不良影响""我决心做到以下几点"……呈现出来的都是浅层的检讨结果，无法让学生在思想上真正觉悟。怎么能让检讨发挥更大作用呢？魏书生的"心理活动说明书"给了我新的思路。魏书生要求，在说明书中，基本使用心理描写的表达方法，描绘出心理活动的三张照片，每张照片上都有两种思想在争论。第一张照片，犯错误前，两种思想怎么争论；第二张照片，错误时，两种思想怎样交战；第三张照片，犯错误之后，两种思想做何感想。这种做法也是剖析学生犯错心理的一种方式，其过程也是学生自我反思、发现问题的机会。

其次是要家校联合，共同发挥教育管理作用。在处理学生重大违纪问题时，需要格外注意学生的家庭情况，需要家长的配合。小曹同学是体育生，因为要保证训练时间，所以和学习文化课的同学作息时间会有冲突。有一次训练时间长了，回宿舍耽误了一会，被舍管以没有假条回宿舍而阻拦。舍管当然是严格执行管理规定，但是小曹同学觉得舍管太不近人情，便与其发生了言语冲突甚至恶语相向。这次事件影响较为恶劣，小曹怎么都不愿意低头认错，而以这样的态度再回到宿舍势必又要引起冲突。在跟小曹谈话时，我发现小曹言语中透露出对舍管的轻视，这才是问题的根源。我便将父母和舍管作比：都是年纪差不多的人，如果你的父母在外面被恶语相向，你是什么感受？而在看到家长与舍管亲切交谈、互相道歉时，原本一句话也不愿说的小曹，也慢慢打开了心扉，承认了错误。适时的家校合作，能起到关键作用。

谁才是管理班级的主体

山东省青岛第五十八中学　王麦斌

　　在信息层面，班主任需要了解学生的家庭情况、思想品德情况、学习情况、身体情况以及个性心理特点、兴趣特长，做好家访工作。了解班级骨干队伍的组织情况和思想状况，掌握发展动态。在管理层面，班主任要依据教育方针、教育任务和学生实际情况制定本班集体建设的目标，建立班级常规，培养良好的班风，做好班主任日常组织管理工作。在教育指导学生发展层面，要为学生的思想道德素质、科学文化素质、身体和心理素质培养打下良好的基础。在交流层面，要负责联系和组织科任教师商讨本班的教育工作，协调各种活动和课业负担。班主任还要得到本班家长和社会有关方面的支持、配合，共同做好学生的教育工作。基于以上一些班主任的职责要求，很多人认为管理班级的主体应该是班主任，以前我也是这样认为的，但是一次调座次"事件"彻底改变了我的看法。

　　班主任常会调整学生的座位，但是不同的调整方式产生的效果往往有天壤之别。一般而言，用心的班主任会通过观察学生的日常表现来安排合适的同学成为同桌，然而是不是真的"合适"呢？

　　某一天的晚自习，小浩走进了我的办公室。因为此时非课间时间，我知道小浩可能有事情想要和我说，但是又不想让其他同学知道。联想到晚自习前刚刚调整了学生座次，我一下子猜到了小浩可能要说座次的事情。简单地问候了几句，小浩说："王老师，能不能不要让我和小航同学同桌啊？"对于这个请求我有些不知所措。据我观察，小浩和小航是特别要好的哥们儿，无论是去食堂吃饭还是放学回家，他们两个总是在一起。从老师的角度来看，他们两个关系这么好，做同桌的话一定可以相处得很融洽。正当我一头雾水的时候，小浩又说："王老师，别看我和小航两个人平时经常在一起，但是我们真的不适合做同桌……"我更加迷惑了，便问道："你们两个关系这么好，做同桌不是一件很开心的事情吗？"小浩羞愧地说："正是因为我们两个关系好才不能做同桌呢！我们坐近了容易在讨论问题的时候聊起其他的事情，影响自己和其他同学学习，而且天天靠这么近难免会产生矛盾，影响关系……"说到这儿我突然明白了，原来我看到的只是他们学习之外的时候，在学习上他们也许并不是对方最好的同桌。不仅如此，陆陆续续也有其他同学找我说想要换同桌，仔细听他们讲自己的理由时，我发现自己确实观察得不够细致。

于是，我召集主要班委开了一个班委会，咨询他们本次调整座位不合理的地方。根据他们提出的问题，我发现学生对于调整座位这件事和我有不同的见解。于是在班长的提议下，我放手让他们再次调整了一下座次，最后却收获到了惊喜，基本上全部学生对班委调整的座次都很满意。

这件事让我明白，在班级管理过程中要提高学生的主体地位，让学生做班级管理的主人，朝自主管理、自主服务的目标努力。在这个目标的指导下，我在班级成立了班级工作小组，让其负责班级日常工作的开展，这样能够更加精准地了解学生的需求，也能对日常变化做出快速响应。所以说，学生才是管理班级的主体。

树立榜样——学优生的教育和学习指导

山东省青岛第六十七中学　刘洋

何谓学优生？我认为学优生需要具备两个主要特点：个人素质高，学业成绩好（可达A线及以上）。其中，前者是首要标准。具体表现有这样几点：有积极的人生观、价值观，有担当和奉献精神，在班级里起学习和行为上的带头作用，有独立思考、解决问题的意识和能力，在学习上能触类旁通，基础知识扎实稳固，有主见，有参与和表达欲，有自我约束和管理能力。

那我们如何培养学优生？我的做法简要介绍如下。

一、学习自由，消除特权

要让学优生有学习的自由度，但是没有行为纪律上的特权。学优生在学习上是有一定的自学能力的，让他们发挥在学习上的自由度，对他们的思维能力锻炼是非常有必要的。比如让学生自主提出问题并寻求答案，实验让学生自己做，题目让学生自己讲解，规律让学生自己找，感悟让学生自己写，计划让学生自己制订。为什么要着重训练学生的思维？孔子有言，学而不思则罔，思而不学则殆。教育的经验告诉我们，学生要得到真正成长，思维比知识更重要。思维的发展意味着学生要在学习活动中主动思考、参与、发现。孔子又有言，立世先立身，为学先为人。学优生更是如此。学问是学问，做人是做人，不能因为成绩好而在做人上打折扣，也不能因为成绩好而在行为纪律上有特权。比如有学生说大课间想去办公室请教问题，不想跑操；或者运动会时以上辅导班为名请假……这些脱离集体的行为都是不被允许的。因为这样一方面会让班里的其他同学觉得不公正，另一方面也会让学优生"恃宠而骄"，养成利己主义、唯我独尊的思想，不利于班级凝聚力的形成。

二、学优生的德育要严抓

我的做法就是进行感恩教育。卢梭曾说，没有感恩就没有真正的美德。学优生的成绩固然与自己的努力和天资分不开，但是如果他们认为"我的成就是我自己学出来的，有没有老师无所谓"，任其发展就会形成自私自利的性格和歪曲的价值观，不利于成长为一个健全的人。在感恩家长的活动中，我们开展过"家长会·一封家书""三八节·我为妈妈张罗一桌好饭"等活动；在感恩老师的活动中，我们开展过"教师节的祝福""主题班会·给老师写一封信""最美教师评选"等活动。爱国也是一种感恩。国家为我们提供了和谐的社会环境和丰富的教育资源，可以说是一切教育的基础，让我们的学生能安心学习，接受教育。同时，一个人的奋斗如果只是为了自己和家人，则很难达到一定高度；如果上升到国家层面，就有了源源不断的动力。试想，个人的输赢决定着千万人的忧乐甚至事关国家的荣誉、民族的尊严时，你还能不全力以赴吗？一个学生如果有了为国家而奋斗的信念，就有了高瞻远瞩的目光及矢志不渝的信念，在求知的路上，必能走得更坚定、稳健而有力。在爱国教育上我在班里有这样几种做法：主题展板上开展"我与祖国共成长"优秀作文展；组织观看《新闻1+1》《典籍里的中国》《国家宝藏》《大国重器》等优质节目，激发学生的国家荣誉感和民族自豪感；进行爱国主义主题作文写作，比如2017年全国Ⅰ卷的"请选择两三个关键词来呈现你所认识的中国，写一篇文章帮助外国青年读懂中国"。

三、私人订制，个性发展

现在开展得火热的导师制是对学生个性化发展的有效尝试。导师制向学优生倾斜，老师们群策群力，针对学优生的不同特点展开帮扶。学优生一般都是有主见、有个性的同学，有的学习扎实，踏实努力；有的活泼积极，善于表现；有的偏于内向，沉默寡言；有的朴实正直，不苟言笑。俗话说，性格决定命运，可以说，个性或许是他们出类拔萃的重要原因。班主任应该尊重学生的个性，不因个性差异和喜好而忽视甚至打压某些同学，而要帮他们正视性格上的缺陷并逐步帮助其进行调整。要掌握学优生的学习情况、心理变化、成绩变化，及时激励，充分调动其学习积极性。特别是每次考试的分析和存档保留，要组织尖子生分析其成功之处和不足，帮他们总结经验教训，调整学习方法，积极投入学习。

四、激发学优生的潜能

有人说，教学的艺术不在于传授本领，而在善于激励和唤醒。学优生已经做得很好了，班主任需要做的就是让他们相信自己可以做得更好！2021年我们班进行班会公开课展示，为同学们增强自信，助力高考。在距离高考130多天时，给学生开一个班会并为学生加油打气是非常重要的，让他们相信自己、突破自己、激发潜能，成为超越自我的黑马！学校的领导在本次班会课结束之际，对课堂进行了点评，并对高三学生进行了激励："本节班会课很有意义，其中的拍手实验也用实践让同学们感受到了团队的力量，我们只有在一个团队中互相鼓舞、互相支持才能取得更大的进步！同时每个同学都要有自信，就像刚刚课上提到的'每个学生都有出彩的机会'。最后，祝愿同学们能在高考中取得满意的成绩！"

五、良性竞争，互助共赢

与同伴的鼓励原理相同，同伴的竞争压力同样会给学优生的学习带来动力。可以适时地给学生做一些积极的心理暗示，"他这次比你考得好，其实你有一个大题不该出错，你可以超过他的"，"你们几个其实能力水平差不多，就看谁在考场上能发挥出来"……适时的心理暗示也在学生心中埋下种子，形成良性竞争、互助共赢。

六、家校合作，荣誉一体

要让学优生的荣誉辐射到整个家庭，增强学优生继续努力的心理暗示。我有过这样一些做法：班会、家长会上，让优秀学生做演讲，让家长在现场感受孩子的努力与收获；邀请学优生家长做分享交流，共享教育经验，增强学生的自信心，同时也给其他同学一定的心理暗示；学生的荣誉及时在家长群中分享，共同点赞，为学生的成长加油助力。

七、紧抓边缘，带动辐射

如何划定学优边缘生？通过班级协调会，班主任和任课教师的共同评估，认为该生有潜力、有能力、有冲劲、认真负责，便将其认定为学优边缘生，这个边缘便是A线。当边缘生进入第一阵营的时候会有新的学优边缘生的出现。这种策略带动的是整个班级向上向前的气氛，水涨船高，学优边缘生是不可忽视的一股后劲儿。

选拔学优要早，以学优生促学风建设；培养学优生要个性化，德育和智育齐管；班主任工作要有艺术，多学多看。

细节育人——细节决定成败

山东省青岛第六十七中学　刘洋

　　《道德经》有言："天下难事，必作于易；天下大事，必作于细。"语文教学中还常会赏析"以小见大"的写作手法，由细节看到整体。人们常用的成语"一叶知秋""以微知著"等都是类似的道理。在学生的教育管理过程中，"以小见大"也是对学生个人行为品质的检验方法。而更重要的是，班主任能够采取一些教育方法，让学生关注细节，从小事做起，由量变到质变，从而提升整个人的素养。我给这个教育过程取了个名字叫"细节教育"。

　　细节见人品。如果一个学生在细节上做得很好，那他极有可能是一个细心、善于观察、认真负责的人。小杰是我的语文课代表。初见小杰的时候感觉他个子不高，说话声音也不大，可能比较内向，不知能否胜任课代表这个职务。在后来的学习生活中我逐渐发现，小杰的工作能力超出了我的想象，他高度认真负责，对细节的追求常令我自叹不如。有这样一位课代表，我的教学工作变得更加轻松，同学们的学习效果也有了多一层的保障。有一天，小杰带着一个女同学来到我的办公室，对我说："老师，我马上要转班了，这是我给你找的新的课代表。"面对这个场景，我愣住了，十秒钟说不出话，内心真是五味杂陈——对小杰转班的震惊，对他不能再担任课代表的不舍，对不能经常见到小杰的难过，还有对小杰临走还把新的课代表安排好的欣慰和感动……在了解了小杰是因为成绩问题而转班的情况后，我完全尊重和支持小杰的决定，也给予了他期望和祝福。过了几天，我收到了小杰的一条微信，里面是他对新课代表的嘱托，问我还有没有其他需要注意的地方。这条信息不仅体现了一个课代表的职责，更记录了小杰工作的点滴细节——"① 每天课前去找找语文老师。② 老师发的课件记得接收。③ 每周二、周四看视频，下午吃饭那个课间要是还没发，记得去向老师要，尤其是周四，老师没有晚自习，很有可能就下班了，可以放《典籍里的中国》，这个大家比较喜欢看。④ 看视频的时候最中间那列灯要开着，方便大家写积累本，也提醒老师收积累本。⑤ 周末必有作业是周记，作业记得放到咱班的那个作业PPT上，有晚自习的话当天就没有语文作业，记得随时看'通讯通'，老师找你可能直接在那上面说。⑥ 学案一般放在老师工位旁边的课桌上，如果没有就看看姜老师对面那个工位有没有。⑦ 多关注一下咱班啥时候有自习课，如果有自习课可以提前找老师要作业。⑧ 有时候老师会记错时间，要是正式上课铃打了老师还没到，记得去找老师。⑨ 收作业不要忘记统计谁没交，在花名册上标注，有的时候老师会把花名册带走，记得去要。⑩ 老师工位旁边花篮里放了条假蛇，别被吓着了……"这里的每一句叮嘱，都是小杰的日常。每读完一句，我都感动于小杰的细心负责，也不禁感叹，这是一个多么善于观察的孩子啊！把当课代表这件事做到极致，我相信小杰以后在自己的工作岗位上一定也会细心负责。

当然，小杰的优秀品质，主要得益于良好的家庭教育和极高的个人素养，而在校园内的"细节教育"对大多数同学而言也是不可或缺的，对他们行为习惯的培养也会起到一定的作用。

我对学生进行"细节教育"时，往往会收集学生日常学习生活中的细节素材，通过身边的例子来给他们启发——原来细节在这里。收集学生的学习生活细节对学生进行教育管理，使他们成长进步的同时，也让我被学生的优秀品质深深感染。比如在学生上交的作业中就能看到一些典型细节——作业本中需要批改的那一页，有的学生会折一个小角，方便老师翻阅；有的同学把每一篇作业写下日期，记录学习进度；有的同学在教师节上交的作业中会附上一句"老师节日快乐"；有的同学用不同颜色的贴签标注本子的内容，方便查找整理……批改作业的同时，我都会对这些细节拍照保存，再翻看一下这些同学的名字，也就这样记在了心里。从作业的细节可以看出这些学生或有为他人考虑的细心，或有严谨认真的细心，或有长远规划的细心。看完作业，尤其是作为班主任，对学生的个人行为习惯也可以有一定程度的了解。此外，在跟他们的接触过程中我也会发现很多细节——端着餐盘经过桌椅区域，会有学生主动帮老师搬开挡着的椅子；擦完黑板后，板擦盒里的水也被换过，是干净的；课代表交上来的作业是大本小本分开整理的；学生在擦窗户的时候会顺便浇浇窗台的花……于细节处见品质。学习和生活中的这些点滴也温暖了我，可以拍照的我会拍照记录，不方便拍照的便文字记录。

有了"细节教育"的丰富素材，我便会不时在班会课或者我的教学课堂中做展示——同样的一份作业可以怎样交？同样的擦黑板任务可以怎么做？从而给予学生细节上的启发。同时，经典的事例也可以作为补充——第一个进入太空的地球人是苏联宇航员加加林，而他之所以能够被选中，除了出众的能力外，还有一个细节决定了这件事，那就是在多位候选宇航员中，加加林进入飞船时特意脱下了鞋，穿着袜子进了座舱。这一个细节反映了加加林一丝不苟、严谨认真的工作态度，也反映了他对航天事业的尊重。就这样，人类首次太空飞行的神圣使命就落在了加加林的身上。我告诉学生，那些愿意在细节上花功夫的人，往往可以把一件事情做到极致，从而获得成功。因此靠细节获得的成功并非偶然，而是必然。

生动的展示可以让同学们获得启发，但是只停留在认知层面固然不够，实践也是必要的"细节教育"。给学生创设情境便是一个实践的机会——创设真实情境，抛出问题情况，请学生做出反应。这样的情境很多，可以设置校园学习生活中的熟悉场景，也可以设置未来生活中的陌生场景。每次由一个小组负责剧本的编写和演绎，导演组在情景任务中担当检验同学们细心程度的测试者，请其他小组的同学代表做被测试者。每个小组的剧本都花样百出，当然在定稿后需要交给我审核和修改。比如在校园生活中，有这样一个测试设计——导演组的四个人担任某公司招聘人员，作为测试者，其他小组的代表担任应聘者。招聘者对每一位同学的简历做点评，对每个同学再进行提问，最终决定哪几个应聘者可以通过面试。看似一场普通的招聘，每个应聘者也都会关注自己的简历和回答的细节，但细节往往是不会被所有人注意的地方。测试者们精心设计，应聘者逐一进入，他们可以看到，除了自己坐的桌椅外，旁边还有两套摆放较为杂乱的桌椅。此外，应聘者坐的凳子也选择了一个比较破旧的。因此这场招聘会除了对应聘者的个人能力做考察之外，还会通过这些道具考察应聘者对于细节的关照程度。有五名应聘者进场后丝毫没有在意旁边的桌椅；有一名应聘者在离场时，将旁边的凳子拿来，换掉了应聘者坐的破凳子，方便后面的应聘者入座面试；有两名应聘者在离场时把旁边的两套桌椅也摆放整齐。经过面试筛选，最终确定了一名同学通过面试。他既有较好的个人能力，又关注到所有的细节，给面试者留下了深刻的印象。

小故事，大道理——故事背后的德育案例

山东省青岛第五十八中学　王麦斌

一、海尔小小神童洗衣机的诞生

海尔曾经做过市场调查，洗衣服和吃饭一样寻常，但是为什么洗衣机也有销售淡季和旺季的区别呢？通过调查他们发现，洗衣机在夏季卖得少，在冬季卖得多。那为什么夏季洗衣服这么多，还会是淡季呢？原因是夏天洗衣费水、费时、费电。夏季尽管换洗衣服多，但是我们简单洗一下就可以了。海尔认为，只有淡季的思想，没有淡季的市场。在这个理念的指导下，1996年，海尔小小神童洗衣机问世了，一双袜子都可以放在里面洗一洗，还解决了许多男同志的后顾之忧：洗尿布。现在，海尔小小神童洗衣机在全世界的销量都非常好，它不仅打入了美国市场，而且还打入了欧洲市场，更打入了全世界较难打入的两个亚洲国家市场——日本和韩国。日本富士公司曾做过一个调研：为什么日本有这么多生产洗衣机的企业破产？结果显示多数人认为是海尔小小神童洗衣机挤垮了它们。海尔小小神童洗衣机在日本的销量长期保持前三名。所以，海尔的理念就是永远买不到最新的产品，即使在几天当中、几个月当中，你买的产品隔不多久，就会更新换代了。

其实对于像海尔这样的大企业，在其成长过程中这样的事例应该比比皆是。企业的发展也是源于对自己产品以及市场的细致入微的观察与思考。"只有淡季的思想，没有淡季的市场"，对于教育亦是如此。对待教育中的问题

也要有这种思考入微的精神，相信我们会克服很多之前认为不可能解决的困难，有更多新的发现。

二、香草冰激凌与汽车

这是发生在美国通用公司庞蒂亚克汽车公司客户服务部和客户之间的一个故事。美国公司收到了一封顾客来信，信中说："我一点也不怪你们没人理我，我是为同样的事情第二次给你们写信了。我为什么不怪你们呢？那是因为这事儿太疯狂了，简直任何人都感觉是不可能的，但是确确实实在我家中发生了。"什么事情呢？"我们家一直有一个传统，每天晚上饭后吃一个冰激凌作为饭后甜点。每天吃什么口味，举手表决，表决完了，由我的父亲开车到附近一个超市去买。以前什么事也没有发生过，但是，自从买了你们的这款庞蒂亚克车之后，怪事就发生了。那就是每当我们全家人投票表决买香草味的冰激凌之后，这香草味的冰激凌往车上一放，车就总也打不着火，启动不起来了。我买其他口味冰激凌的时候，就不会有任何事情，难道汽车会对香草味冰激凌过敏吗？"后面的问号一大摞。第一次写信没人理他，第二次来信的时候，维修部就认为这人是神经病，但也要去给他看看。工程师选择了晚饭时间前往，他看到这位写信人的时候大吃一惊，这人受过高等教育，事业有成，性格乐观，是正常人。这家人吃完饭之后决定当天晚上要吃香草味的冰激凌。这位工程师二话不说，跟着写信人的爸爸就上车了。等这位爸爸买上香草味的冰激凌，拿上车之后，奇怪的事情真就发生了，车怎么打火也打不着。工程师也没敢吱声，又连去了三个晚上。第一个晚上，买的是草莓味的冰激凌，车没事儿，发动起来了；第二个晚上，买的是香蕉味的冰激凌，车子正常发动；第三个晚上，买的是香草味的冰激凌，奇怪的事情又发生了，车又发动不了了；第四个晚上，买的又是香草味的冰激凌，车又发动不了。四个晚上有两个晚上车打不着火，这位工程师吓了一跳。作为汽车专家，他相信汽车肯定不会对香草味冰激凌过敏。那么，问题究竟出在哪儿呢？他就把这四天以来观察的情况对比了一下，停车速度、加油情况等，最后，他发现问题竟然出在这家商店身上。这家商店的老板发现香草味冰激凌比较畅销，买的人特别多，为了便于大家购买，就把这个冰柜放在门口靠近收银台的地方，其他冰柜都放在里面。这样，买香草味冰激凌的时间明显比买其他冰激凌的时间要短。这样，买香草味冰激凌时汽车重新打火的时间间隔比买其他冰激凌的间隔时间要短。这跟香草味无关，跟什么有关呢？蒸汽锁散热时间不够导致汽车打不着火。经过简单的分析，汽车打不着火的原因找到了。

有些问题看起来很疯狂，有些任务看起来很艰巨，但是，在遇到问题、接受任务的时候，大家不要急于否定或下结论，应先冷静地思考，然后寻找解决问题的办法。在遇到学生的问题时，经验主义也要不得。虽然是同样的问题，可能在不同的学生身上，原因是不同的，需要我们去耐心细致地观察、分析，才有可能更加接近事实的真相。

三、爱岗敬业

过去我在写年底总结、个人素质报告的时候，会毫不犹豫地写上爱岗敬业。自从了解"敬业"的原意之后，我再也不敢写了。我为什么不敢写了？大家仔细看看什么叫敬业，你们以后还敢写吗？梁启超先生有一篇文章《乐业与敬业》，在这篇文章中，他说，什么叫敬业呢？敬业就是凡做一件事就忠于一件事，将你的全部精力都集中到这件事上，一点也不旁骛。

身为五十八中的教师，不管去哪里，总会听到他人的夸奖："五十八中的老师，最是认真负责，爱岗敬业。"现在想想，其实自己的工作还没有做到"一点也不旁骛"，还需要更加努力、更加投入，去让自己离着梁启超先生所说的"敬业"近一点，再近一点……

四、工作时间

美国微软公司曾经做过一个调查，美国的劳动者平均每周的工作时间大概是45个小时，我们中国的劳动者大概每周工作5天，每天8小时，总共40个小时，把加班加点的时间都算在里面，也算45个小时的话，但其中又不包括端午节、国庆节等节假日，也就是说我们可能根本达不到45个小时的工作时间。调查显示，在这45个小时中，至少有16个小时不具有生产性。所谓不具有生产性就是不产生价值，比如说打电话、上卫生间、聊天。这些时间加起来，一周至少去掉16个小时，只有29个小时了。我在这里给大家算一笔账，不产生价值的时间就不能得到报酬了，我们应该得到报酬的只有29个小时。把每周的时间折在每天当中，每天只有4个小时左右，只占每天时间的六分之一。也就是说，每天只有六分之一的时间产生价值，我所有的报酬都应该以此来算，那这一辈子产生价值的时间有多少呢？从参加工作到退休为止，以我为例，27岁研究生毕业参加工作，就算从我工作的那天产生价值，到55岁退休，再提提，就算30年，这里面只有六分之一的时间产生价值，那么产生价值的时间仅仅只有5年。可产生价值的5年，我得到的是什么？从我工作那天开始，我的工资如月按期打到我的账户上；到我退休了，不产生价值了，我的工资照样如月按期打到我的账户上；就算活到120岁，工资仍然如期打到我的账户中。我获得了这么多待遇，我仅仅工作了5年。

其实听到这些，我就突然想到了组里新来的老师，他中午都不休息，周末也会到校无偿加班，因为他觉得他的时间不够用！起初我还不是很理解他说的"不够用"，现在想想，其实我们真正能坐下来的静下心来的时间真的是很少，确实要有"不够用"的思想，时刻督促自己！

五、哈尔滨第六中学的老师们

我用一句话来解释什么叫敢担当。所谓敢担当就是把单位的事情当成自己的事情，责无旁贷、当仁不让、勇担风险。这句话是哈尔滨第六中学的校长说的，当时我听到这句话也很震撼。哈尔滨第六中学是省属重点中学，我一个同事的同学毕业之后在这所学校任教。他说了一件事对我触动很深。

我们这所学校太棒了，省里的任何考核都名列前茅。但是这一次省教育厅要对所有的省属重点中学进行一次考核，考核完了进行重新排名。这回我们有点傻眼了，为什么呢？那些硬件的东西，升学率、获奖情况等我们从来不怕，就是有一项我们害怕了。这次考核省里派七个评委，一字排开在讲台上就座作为考官，然后将学校的所有教职工，从老师到司机等后勤人员，全部集中起来，问三个问题，而且是随便翻花名册，点到谁就谁来回答，回答的结果就是这个环节的得分。这个环节叫人害怕啊！我们学校再好，并不是所有的教职员工都好，抽到不好的员工不就完了？两件倒霉事都凑一块儿了，第一个倒霉的是抽签，抽到全省第一，也就是说第一个上台考核。更倒霉的是抽到的人，七个评委往台上一坐，主考官问了一个问题："过去用蜡烛形容老师，燃烧的是自己，照亮的是别人，现在时代不同了，家长和学生的需求不一样了，再用蜡烛来形容老师还合适吗？"抽到的确实是一位老师，一个单位总会有一些"另类"的职工，领导说什么都急，说什么都对着干，这个老师就是这样的人。并且他是一位物理老师，向来不以化学现象解释这个社会，他说："我从来不考虑老师是春蚕、蜡烛之类的东西。"站起来一句话回答完毕，"吧唧"就坐下了。评委们都愣住了，没想到就一句话呀，拿起笔正要打分，按照这位老师的回答，很显然这个环节肯定是不得分的。在这个时刻，下面有一位老师站起来说："老师，我可以补充一下吗？"评委们走南闯北这么多年，就没见过别人考试却有其他人进行补充的，所以也没做应急预案，在上面你看看我、我看看你，正拿不定主意且未达成一致意见的时候，这位老师已经开始讲起来，结果他还没坐下，旁边又有老师说："我再补充几句。"最后，每位老师都要补充几句，可以说是举全校之力来回答这个问题。你说，这样回答能不完整吗？评委们都被他们感动了，打了很高的分。哈尔滨第六中学的这位校长等评委走后，来到了主席台上，快退休的他，在台上一个劲儿地给大家鞠躬，眼含热泪地

跟大家说："谢谢大家，谢谢大家将学校的事情当作自己的事情，

责无旁贷、当仁不让、勇担风险。"

咱们在关键时刻能做到吗？一个敢于担当的人，我相信领导也会让你勇挑重担的。其实我觉得，这件事情如果发生在我们学校，结果一定也会是一样的，甚至会更好，因为我们是一个集体、一个大家庭，五十八中的老师们都是以校为家，又有谁会不想让自己的家更好呢？

六、15根钉子

大家看，我手中有15根大钉子，非常长，这不是脑筋急转弯，也不是魔术。我的任务是不借助任何外力，用其中的一根钉子将其余的14根钉子都顶起来。怎么顶？我的手只能接触这个钉子的下半部分，大头朝上，其余14根钉子不能用纸包，不能用线缠，其余钉子要在这个钉子的上面。我今天就要给大家布置这个类似天方夜谭的任务。也许有人会说："这是什么任务？我从来没干过。"很多人有畏难情绪，当发生问题的时候，不是寻找解决问题的办法，而是急于拒绝。现成的东西肯定是容易得到的，你说这个任务可不可能完成？先别急着下结论，先回答我："可能吗？能顶起来吗？"我上课能没有结果吗？所以我说可能。有人说："刘老师，我回答你是可能的，但是我觉得是不可能的。"到底能还是不能？有一句话，虽然夸大了主观作用，但是不无道理：没有做不到，只有想不到。

其实，生活中很多故事的背后都是一个个鲜活的德育案例，需要我们用智慧去开掘。作为班主任，任何时候都不要悲观，任何时候都要追求至善，任何时候都要牢记担当和责任！

一杯开水的故事

山东省青岛第五十八中学　王麦斌

　　学生小航（化名），入学军训的时候，由于身材魁梧、嗓门洪亮，尤其发型很有特色，引起了我的注意。于是我安排事情的时候总是喜欢找他，不知不觉他也就成了班里的"领头羊"。

　　学生小程（化名），身高约一米九，但身材偏瘦。平时不怎么爱说话，但学习刻苦，成绩优异，是班里很多同学羡慕的对象。

　　小航和小程平时交流很少，一个外向，一个内向。然而就是这样的两个人之间发生的一件小事，让我也成长了很多。

　　"老师，小航和小程在操场吵起来了……"班长气喘吁吁地跑进我办公室说道。我二话没说抓紧跑到操场，两个人正吵得不可开交甚至快要动手了，好在几个同学都在劝说，没有发生过激的行为。那时由于我刚工作不久，也是第一次碰到这种事情，于是就把他们两个叫到了我办公室，让他们说明情况。本以为两个人互相说开了什么事情也能解决，可是情况却出乎我的意料。两个人说明情况的时候又吵了起来，最后在我的震慑下没有继续闹下去，但是互相还是不服气，不欢而散。

　　这件事过后我就在想，如果再发生这种情况该怎么办呢？真是害怕什么来什么，某天小程和小航又因为琐事吵了起来。这次我依旧是把他们叫到了办公室，但没有像上次一样直接让他们说明情况。进了办公室，我让他们两个分别坐到办公室两边的凳子上，远远地看着对方但是不允许他们说话。安排他们坐的时候，我又烧上了一壶水，烧水的期间整个办公室安静到能听见水壶加热的声音。不一会儿，水烧开了，我给他们一人找了一个纸杯，为他俩每人倒上了满满的一杯开水并告诉他们："你们吵架这么累一定口渴了，什么时候把这杯水喝掉说明就不渴了，然后再说一下今天为什么要吵架，自己是不是一点错误都没有。"我明显能看出来小航和小程对于我的举动是很懵的，但是出于对老师的尊敬又不得不按照我的要求去做，于是两个人忙活着给这杯开水降温，把书当成扇子扇风，用嘴巴吹气……就这样看着两个孩子忙活着想早点把开水喝完，不知不觉10分钟过去了。当喝完杯中水的时候，小程和小航明显没有了刚进办公室时的冲动，情绪平稳下来，也没有像上次一样指责对方，而是客观公正地说明了吵架的原因，承认了各自的错误，没有了之前的"虎视眈眈"。到这里，我想我已经成功了，简单地说了几句后小航和小程就达成了一致意见：如果两个人再发生矛盾就到我办公室每人喝一杯开水。

其实，小航和小程之间的问题没有多大，处理学生之间的矛盾也不是太难，问题的解决与否无非就是等一杯滚烫的开水变凉。是这杯开水有魔法吗？当然不是，喝水只不过是间接地给学生时间反思，让学生去给自己的情绪降温。许多时候，我们处理问题的时候都会情绪化，这也是为什么很多人都说千万不能在冲动的时候做任何决定的原因。

一杯开水的故事将继续书写下去。这杯开水，见证着学生们的成长，也见证着我的成长。我也愿见证青岛教育的发展，成为青岛教育发展过程中一颗不可或缺的明星。

育人必先知人——了解学生的特点

山东省青岛第六十七中学　刘洋

　　班主任想要开展班级工作、对学生进行教育和管理，就必须先花一些工夫了解班级学生的特点。所谓"知己知彼，百战不殆"，学生虽然不是我们的敌人，但是管理学生也需要一些"战术"。倘若不熟悉自己的学生，一切"战术"对学生都只是隔靴搔痒，班主任白费力气不说，学生也必然无法从心理层面受到教育和启迪。

　　把握班级学生整体特点，可参考学生的选科特点，同时辅以青少年心理发展理论。选科的倾向往往也蕴含着学生的心理特点和性格特点。这个方面很多班主任应该都有体会，即使不进行选科分班，对原班学生进行观察也可发现。选科分班后学生的心理特点相对更集中，反而更易于班级管理。比如我带过的理倾班级（物理、生物、地理组合），男生居多。这样的班级活泼有趣，课堂从不冷场，总是有学生愿意分享自己的想法，授课老师也可以充分了解学生的学情；学生思维活跃度高，想法多，参与班级活动的主动性强。这样的班级学生个性也较强，管理难度较大，甚至有时候课堂上的过于"活跃"还需要任课教师进行控制……可以说，几乎所有班级活动的有效开展都是在充分考虑班级情况的前提下进行的。了解学生的整体特点有利于班主任选取适当的方式开展班会、志愿服务等主题教育活动，对学生进行各方面教育，增强班级凝聚力。心理发展理论是了解学生的科学性指导。熟悉青少年心理发展理论可以让班主任的思路走在自我经验之前。比如美国心理学家罗森塔尔所做的"发展潜力"实验，让被抽取的学生产生了"期待效应"，从而很多方面都有了进步。我也经常制造机会让学生发现自己的"发展潜力"，产生强烈的期待，从而在各方面激发热情和动力。把握这些普遍性的规律，也是抓住了学生的心，班主任就可以把工作开展得更有针对性。

以上方法也适用于了解学生的个人情况，但是还须采用个别谈话、家校合作等方式加以辅助，毕竟每个学生都有自己的特殊性。我2019年刚接手高二新班级的时候，发现小王同学平时不怎么说话，安静乖巧，加之班里男、女生数量差异又大，男生的活泼更显出女生的文静，我并没有留心关注小王同学不怎么说话的原因。直到一次她成绩大幅波动，我和她进行个别谈话时才得知她特殊的家庭情况，让我的一些疑问都得到了解释。通过谈心，小王的信心增强，后来也能主动来找我交谈，对个人的学习和生活有了更明确的认识，在班里也慢慢变得积极了。个别谈话是深入学生心灵、增加彼此信任的好机会。

而个别谈话也不限于跟学生谈话，跟学生家长做单独、及时的沟通也是有必要的。初中时期小宇的学习成绩一直很好，他以不错的成绩升入高中。高一的入学成绩是班里的第三名。入学成绩的第一印象也让家长和老师对小宇有了更高的期待。然而高中第一次阶段性考试成绩出来，小宇的成绩跟入学差距甚大。这让家长和老师都密切关注，但是同时更将这看作"意外"。然而"意外"一直持续，变成了"常态"，多次阶段性检测中，小宇的成绩多次在班级倒数。同时，这段时间他多次在午休时间、上课时间跑去操场打乒乓球，无心学习。我很为小宇的情况担忧。看到我在约谈其他违纪同学的家长时，小宇趁人不注意，便疾步走向了走廊尽头的窗户，打开窗户就要爬。幸好其他同学拦截及时，在场师生集体把小宇控制住，避免了一场悲剧。原来，军人出身的小宇爸爸和来自农村的小宇妈妈对于小宇一直秉持的是"棍棒教育"，在家里保持着绝对的权威。初中简单的知识可能在强压下能有学习效果，但是到了高中远离了父母后的小宇只感觉到了释放，上课、自习注意力极其不集中，学习上依然很被动。尤其在父母看到他高中成绩落差如此之大后，认为小宇没有努力，更加大了"教育强度"。我深知，家庭是对小宇现在的心理状态影响最大的环境因素。小宇从小接受的高压式家庭教育是造成其现在心理问题的重要原因。从最亲密的人着手，改善家庭的教育问题，对于小宇的心理发展有很大的作用。于是，我首先建议家长摒弃原有的"棍棒教育"。研究证明，良好的亲子沟通是与青少年良好的社会适应相联系的，而不良的亲子沟通是与青少年不良的社会适应甚至是严重的问题行为联系在一起的。沟通的质量直接决定青少年的心理发展。在学校层面，学校安排心理辅导老师对小宇进行心理疏导，了解小宇的问题、想法和需求，及时开导，进而与其他老师和家长做好合作。同时我也帮助小宇进行"冷静一分钟"训练等，帮助小宇进行情绪控制。最终小宇的心理健康状况有了明显改善，跟家长也建立起了良性的沟通，学习成绩的提高和行为习惯的养成也只是时间的问题了。因此，要了解一个"特别"的学生，了解其家庭环境一定是重要的一环。

此外，我了解学生用得最多的方法是开会调查。开会的类型有很多，比如找同成绩段的学生开会，找某学生的几个朋友开会了解，找同样情况的几位家长开会。在班级决策前，我也会找班干部开会，了解班级的问题、学生的想法，制定初步方案；在班会中会进行民意决策，商讨确定班级方案；实行一段时间后找部分学生开会，收集他们对班级工作的意见和建议，修正和完善班级方案。开会调查是一个信息流动的重要通道，及时开会调查对老师了解学生的真实心理状况有很大的帮助。

此外，给班主任的一封信、违纪心理过程说明书、作文日记等书面形式也对了解学生很有帮助。在这里介绍的只是我用到且有用的一些做法，相信其他老师也有了解学生的"独门秘籍"。只有真正想走进学生内心，了解他们，以生为本，教育方向才走得准，学生也才能得到心灵的滋养。

自我认知混乱导致厌学的一个案例

山东省青岛第五十八中学　丁旭东

【背景材料】

自我认知是自我意识的主要内容。中学生在自我意识完善过程中，有时不能客观地认识和评价自我，出现自我认知偏差，甚至造成自我认知障碍，严重的可能导致精神分裂。主要表现在以下几个方面。

1. 自傲

自傲是过高估计自己的一种自我认知。自傲者以自我为中心，表现出很强的优越感，处处表现自己，对自身的长处无限夸大，炫耀自己，容易指责他人，挑三拣四，盛气凌人，好像自己全是优点而没有缺点，别人全是缺点却没优点。自傲不仅会导致学生人际关系不协调、社会适应不良，而且会严重阻碍学生的学业发展和健康成长。

2. 虚荣

虚荣是以不适应的虚假方式来保护自尊心的一种心理状态。心理学认为，虚荣心是自尊心的过分表现，是为了取得荣誉和引起普遍注意而表现出来的一种不正常的社会情感。在虚荣心的驱使下，一个人往往只追求面子上的好看，不顾现实的条件，最后造成危害。有时还会产生可怕的动机，带来非常严重的后果。虚荣心的产生与人的需要有关。人的需要分生理需要、安全需要、归属和爱的需要、被尊重的需要和自我实现的需要，其中被尊重的需要包括对成就、力量、权威、名誉、地位、声望等方面的需求。一个人的需要应当与自己的现实情况相符合，通过不适当的手段来获得自尊心的满足不利于个人成长，因此有人说虚荣心是一种歪曲了的自尊心是有一定道理的。

3. 自卑

自卑是个体由于自我认知偏差等原因所形成的自我轻视和自我否定的情绪体验。不少学生不同程度地存在着自卑心理，或认为自己其貌不扬，担心被人歧视；或认为自己天资愚钝，将来不能成器，对未来缺乏自信；或认为自己出身贫寒，担心被人看不起等。他们对那些稍加努力就可以完成的任务，也往往因自叹无能而轻易放弃。在他们身上常常伴随着一些特殊的情绪体验，如害羞、不安、内疚、忧伤、失望，并出现自鄙、自怨、自馁、自弃等心理现象。

【A同学的前期成长历程】

我班A同学的父亲常年在外地工作，他主要由母亲负责照看。像大多数妈妈一样，A同学的母亲非常疼爱自己的孩子，甚至有点小小的溺爱。

A同学一直比较淘气，上初中时没少让家长、老师操心，但由于比较聪明，所以虽然不怎么用功学习，成绩也一直很好，最后考入我校时的名次是班级第三。

从高一入校到高二上学期，A同学还是学习不努力，晚自习不是和同学说笑就是趴着睡觉，上课时也总爱趴着，各科任课老师都提醒过他多次，但没有改观。课下，无论是和男同学还是女同学都打闹，可谓班级的"乱之源"。期间，学习成绩还能维持在十几名。

【A同学的近期表现】

进入高二下学期以后，随着学习进程的加快、知识难度的加深，A同学的学习成绩逐次下降，在班级中位于下游。伴随着这一过程，A同学在学习上越发打不起精神，开始以肚子疼为理由不断请假回家，有逃避上学的倾向。

【家长的分析判断】

因为孩子总是肚子疼，所以家长和班主任都担心孩子的身体出了问题。该生家长领其到医院检查数次，但都没有查出什么问题。家长开始认识到孩子的身体没有问题，只是在找借口逃避上学。在和班主任的沟通过程中，家长分析是不是自己的孩子在学校和同学或者老师闹别扭了，所以才不想上学。通过观察和调查，我认为不存在A同学和同学或者老师闹别扭的情况。应该还是A同学自身的状态出了问题。

【教师的分析判断】

通过和家长的沟通，结合A同学的表现，我认为自我认知的混乱才是导致A同学产生厌学情绪的根源。

在初中时，A同学学习不努力，但成绩很好，周围的人包括家长、同学、老师都夸他聪明。在这种氛围中，A同学自我感觉良好，有自傲心理。进入高中以后，A同学依旧学习不努力，成绩虽说还可以，但已经不能居于班级前列。A同学还是沉浸在"我很聪明"的虚荣之中，给自己的理由是"他们成绩好只不过是用功而已，我只要稍微一努力，成绩一定不比他们差，我只不过不想努力罢了"。此时的A同学依旧自信满满，在班级中表现张扬，依旧很能闹腾。到了高二下学期，由于在知识上的"欠账"太多，伴随着成绩的不断下降，A同学慢慢发现自己在学习上已经掉队了这个现实，自己已经无法"轻轻松松搞定学习"。这个发现让A同学不安甚至恐惧。他无法接受自己从一个人人羡慕的"优等生"变成一个学习有困难的学生，巨大的心理落差让A同学出现了自我认知的混乱，以至于逃避上学。

【谈话教育和现实结果】

我和A同学进行了数次细致的谈话，仔细分析他的心理状态。我告诉他，出现混乱恰恰说明他发现了自身存在的问题，重新审视了自己，需要对自己进行新的定位。他要在接受实际状况的基础上，发挥自己学习能力强的优势，刻苦努力，争取迎头赶上。这一过程很痛苦，需要付出比别人更多的努力，需要强大的毅力和持之以恒的精神。

很遗憾，通过谈话，A同学虽然认清了问题所在，也知道应该怎么办，但总是无法坚持，反复几次后最终选择了退出高考进行电竞。教育不是万能的，结果也不都是完美的，但我们还是相信教育的力量，努力去做我们该做的事情。

拼搏高三，无愧青春

山东省青岛第五十八中学　丁旭东

一、以人为本，付出师爱

教师都应"以人为本"，尊重每一位学生。教育是心灵的艺术。我们教育学生，首先要与学生之间建立一座心灵相通的爱心桥梁，这样，我们才会对工作产生热爱。如果我们承认教育的对象是活生生的人，那么教育的过程便不仅仅是一种技巧的施展，而是充满了人情味的心灵交融。心理学家认为，爱是教育好学生的前提。对于李某这样特殊的学生，我主动亲近他，敞开心扉，以关爱来触动他的心弦，"动之以情，晓之以理"，用爱去温暖他，用情去感化他，用理去说服他，从而促使他主动地认识并改正错误。

二、以生助生，友情感化

同学的帮助对一个学困生来说是必不可少的，同学的力量有时胜过老师的力量。

同学之间一旦建立起友谊的桥梁，他们之间就会无话不说。绝大部分学生不喜欢老师过于直率，尤其是批评他们的时候太严肃会令他们难以接受。因此，我让李某与其他同学交朋友，和学习成绩较好的同学一起坐，让他感受到同学们对他的信任，感受到同学是自己的益友，让他在快乐中学习、生活，在学习、生活中感受到无穷的快乐！同学的帮助促进了学生之间的情感交流，在转化工作中能达到事半功倍的效果。

三、因材施教，循循善诱

"一把钥匙开一把锁。"每一个学困生的实际情况是不同的，这要求班主任应深入了解学生的行为、习惯、爱好及其存在困难的原因，从而确定行之有效的对策，因材施教，正确引导。李某的情况比较特殊，主要是其自制力差，对自己的错误、缺点认识不足，对老师的批评教育产生厌恶、憎恨心理。因此，我就以爱心为媒，搭建师生心灵相通的桥梁。与他谈心，与他交朋友，使其认识错误，树立做个好学生的信心；充分发挥学生的力量，安排一个责任心强、学习成绩好、乐于助人的同学跟他同桌，给予其学习和思想上的帮助；当面批改他的作业，让他感到老师的关心。我用关爱唤起他的自信心、进取心，使之改正缺点，然后引导并激励他努力学习，从而成为品学兼优的学生。一年的潜心努力、精心转化终于取得了令人可喜的成果：这位同学摇身一变，由"捣蛋鬼"转变为纪律委员，由学困生转变为学优生！他无论在哪里见到我，都会亲切地叫上一声"老师好"，我总是报之一笑，并说上一声："你好！"

四、动之以情，晓之以理

在转化工作之初，李某上课无精打采，要么搞小动作，要么影响别人学习，提不起一点儿学习的兴趣；下课追逐打闹，喜欢动手动脚；作业不做，即使做了，也做不完整，书写相当潦草，每天不是科任老师就是学生向我告状。于是，我找他谈话，希望他能遵守学校的各项规章制度，以学习为重，按时完成作业，知错就改，争取进步，争取做一个他人喜欢、父母喜欢、老师喜欢的好学生。他开始是一副爱理不理的样子，后来口头上答应了，可回过头又一如既往，毫无长进，真是"承认错误，坚决不改"。此时我的心都快冷了，心想算了吧，或许他是根"不可雕的朽木"，但又觉得身为班主任，不能因一点困难就退缩，不能因一个学困生无法转化而影响整个班集体，必须面对现实！我内心一横：不转化你，誓不罢休。他没有进步，或许是他并没有真正认识到自己的错误。

为了提高他的学习成绩，除了在思想上教育他、感化他，我特意同安排给他的同桌进行了一番谈话："为了班集体，不要歧视他，要尽你自己最大的努力，耐心地帮助他进步。"这位同学满口答应，并充分利用各种时间帮助他、教育他。有时，这位同学也会产生一些厌烦情绪，说他不太听话，不太乐于学习。此时，我就跟她说："要有耐心，慢慢来。"后来，他取得进步时，除了表扬他，我还提醒说，进步也离不开同学们的帮助，特别是这位同桌的帮助。在同学们的帮助下，他各方面都取得了不小进步。他学习上更努力了，纪律上更严于律己了，甚至自己当起了值日生，劳动更积极了，成绩有了很大的进步。

在更新教育观念的今天，作为一个热爱学生的教师，有责任让学生树立信心进而达到育人的目的。愿我们共同树立信心，播下希望的种子，使每一位学困生都能沐浴在师生的关爱之中，早日成为国家的栋梁！

教育随笔

风物长宜放眼量——原来你是这样的老班

山东省青岛第十六中学　曾晓伟

　　我一开始对老师这个工作是抵触的，对那种从工作第一天就能预料到退休的日子，莫名地从心底涌起一股悲凉。此时的我，再回头看看曾经的自己，幼稚中带着些许可笑。没有比老师这个工作更具有创造性和挑战性的了：每一届学生是不同的，每一个班级是不同的，每一天的班级和学生又是不同的。班级的发展充满了不确定性，学生的成长也充满了变数，每一位老师都有幸参与着育人这项伟大的工程。教育家陶行知先生说："千教万教教人求真，千学万学学做真人。"教育方法在改变，教育的真谛却不能丢，要成为适应时代发展需要的班主任，就要在坚守教育的基本信条之下，更新自己的教育方法和教育实践。热爱可抵岁月漫长，要想成为一个优秀的班主任，要有真才实学，不要计较眼前的得失，并以学生长远的发展为最终目标。最近有幸拜读了陈宇老师的《你能做最好的班主任》这本书，对于班主任工作有了新的认识和理解，也引起了我心底强烈的共鸣。

一、最初的信任

　　高二接班伊始，就从原班主任口中得知了这个重点关注对象小宋。在班里，你想不注意到他真的很难：三天两头肚子疼，能在响预备铃前看到他的身影几乎是不可能的，美术课、音乐课的时候你又会在篮球场上发现他的身影。果不其然，我带班没多久，他和英语老师就在课堂上发生了言语冲撞，就差把校长从办公室召唤出来了。我作为班主任，不得不出面先劝解激动的老师进班上课，再把学生带到办公室私聊。其实，通过前一阵的打交道我就了解到，这个学生其实是个小机灵鬼。在跟老师的相处中，他很少简单粗暴地正面"刚"，除非每次都有不得已的"理由"。教育他时"硬压"肯定不是上策，冷静几分钟后，压下心中的火气，平静地了解原因之后，我和他共同商量解决问题的途径，最后他冷静地接受了建议。尽管他在班级里成绩不好、学习有点懈怠，但是在跟我的相处中，对老师保留着最基本的尊重。

班主任要有学会观察和调控学生情绪的能力，如果学生个性比较暴躁叛逆，动用权威"强压"，可能会将教育变成"战斗"，也就不会有赢家。在谈话中，教师的立场、教师与学生的位置关系也十分重要。有智慧的班主任不会把自己推到学生的对立面上，而是会让学生时刻感受到我们是一个战壕的"战友"，即使是批评，也是为了他的成长。

师生关系的破裂，究其源头，是信任关系的坍塌。如果我们所谓的教育是居高临下的压制，学生心里对你是厌恶的，那么即使是和风细雨的说教，在他看来也是居心叵测，达不到教育的效果。反之，建立起信任关系之后，用什么方法就不重要了。

建班之初是建立信任关系的良机。要对不同的学生采用不同的教育方法，这个过程是漫长而艰辛的。但是信任关系一旦建立，将是一根非常牢固的纽带，它会让你在后续的教育中不必那么谨小慎微，班级管理会更从容有余。

二、换位思考

只要教师关心学生的前途并为之努力，就能和家长达成共识，形成教育合力。所以在跟家长沟通的过程中，要学会"反客为主"，多站在家长的角度去看问题。和家长说话，越随意自然越好，就像一家人在拉家常。把学生看作自己的孩子是让家长最感动的事，这也是班里家长一直很支持我的原因。

在初为教师和班主任时，我总是会问自己：我的学生希望我成为什么样的老师和班主任？他们希望自己的班级风气是怎样的？家长希望自己的孩子在未来的校园生活里遇到怎样的老师？有了这样的引领，我在后续工作中就有了很清晰的定位：想学生之所想，念学生之所念，除了做班级发展的引领者，我更是他们的同行者、并肩作战的"战友"。班主任在工作中要葆有自己的教育智慧和个性，还要兼顾领导和同事的立场，这样也许工作上就没有那么多冲突和矛盾。换位思考后，我们会发现，谁都不容易，只有相互理解，才能相互支持。

有智慧的班主任一定会善于协调各方面关系，把看上去不利的因素转化为开展工作的有利因素。我始终觉得做一名优秀的班主任并不是很难的事，只要有换位思考的习惯，就已经成功了一大半，但同时，这也是最难的事。一些伟大的教育理念往往就隐藏在这些很小的细节里。

三、爱的本能

同事经常说我的心态好。我可能是属于不太计较眼前利益的那种人，因为不太计较，所以经常被人误解。对于班里调皮好动的小男生，只要不影响到其他同学，我一忍再忍，到最后班里的同学都习以为常了。我并不歧视学困生，相反，还会在班级里表扬他们身上的优点，提升他们的自信。成绩差并不代表品质不优秀，有些人的学习能力是天生的，学习能力较弱的学生也有可能成长为善良、优秀、正直的人。我也关心升学率，毕竟这会影响教师和班主任的业绩，但所有的心思只放在成绩上，给每个学生贴上分数的标签，则很难做到对每个人公平以待，这也违背了教育的初衷。我们要使学生明白：我们在乎的是你作为自然人的纵向发展，成绩只是附属属性。

尽管爱的方式不同，但爱都是我们内心深处最可贵的情感。和谐的师生关系、良好的家校关系能促进学生的个人发展。

总之，我们要追求的是做教育的大智慧，而不是小技巧。

《心理疏导——助人与自助之路》读后感

山东省青岛第十六中学　曾晓伟

　　近期研读了《心理疏导——助人与自助之路》一书，颇有感触。该书分为三部分：理论、技术和应用。书中所论述的"心理疏导"是狭义的概念，特指一种运用心理学理论和方法，化解自身或他人情绪困扰，化解心理和现实冲突，引导有效行为应对，培养自尊自信、理性平和、积极向上心态的技能。广义的心理疏导可以很简单、很日常化，只要有一份自我觉察、几句话、一杯水或者一个拥抱，都可能帮助我们自己或身边的人化解现实中的许多困境。

　　心理疏导的重点在于处理情绪，理性关心，它的核心理念是"用心疏，用理导，疏为先，导为重"。心理疏导的工作思路分为"听—说—问—答"四个步骤，倾听是心理疏导的基础，反馈是推动疏导过程的动力，提问是促发改变的关键因素，引导是心理疏导的核心。在心理疏导的过程中，四个环节没有特定的顺序或分量，一方面取决于当事人的状态和需要，另一方面取决于心理疏导的氛围和进展。在跟学生的沟通交流中，如果适当地运用心理学的疏导技巧，会达到事半功倍的效果。

　　在高考复习阶段，有不少考生会出现心理或生理问题，直接影响他们的复习质量。缓解他们的心理压力、解决他们的心理困惑是班主任的主要任务。成绩出现下滑，朋友之间闹矛盾，学习无力感……各种抱怨、沮丧纷至沓来。这时，学会倾听非常重要，它虽然不是深奥难学的本领，但绝非易事。亲子关系出现问题、师生之间产生隔阂，都是由于懂得倾听的人少了，当学生向外表达时，一再被忽略、被误解，他们就会慢慢闭上嘴巴，紧锁心门。有效的沟通变少了，关系渐渐疏远了，情绪淤堵越来越严重。有效倾听的第一步是要理解学生的陈述逻辑，当学生情绪强烈时，往往叙述混乱、重复、零碎、跳跃，我们就要去理清时间或事件发展的脉络，分清客观事实和主观描述，保持中立、开放的立场，要严谨用词，不要急于带上个人立场。其次，在倾听的过程中，要保持敏感，体会学生要传达的情绪。如果我们捕捉的情绪符合他的心境，那么学生就会觉得"老师很理解我，很懂我，他在认真倾听我的感受"。所以对情绪的觉察也是教师要修炼的基本功。最后，还要思考和理解学生话语背后的需求和目标，情绪和故事的背后，有意或无意地透露着他们的需求，听懂需求，分清情绪的来源，才能为后续的疏导工作找出方向。我们时常要记着，抱怨的背后是未被满足的需求。需求是指向情绪的来源，目标则指向未来的行动策略。教师要在共情的基础上，引导学生去思考，制定更理性、更可行的目标。

德育与生活是息息相关的，德育工作源自生活，同时也可以作用于学生的生活。在开展德育教育工作的过程中，教师应当加强对学生的日常观察，及时发现学生存在的问题，并采取针对性的手段，加强对学生的教育与引导。大多数学生的心理问题都来自家庭，父母离异、家庭纷争、家长的价值观熏陶等，学生长期与家人生活在一起，耳濡目染地接受家长价值观的洗礼，最终将这些内容变为自己人生的座右铭。还有部分学生在家庭动荡中形成很大的心理创伤，在校期间会展现出自卑，不愿与他人交流。这些因素都使学生的学习与生活受到很大的影响，想要有效地解决问题，就需要"对症下药"。在学校里，可借力于与科任老师的沟通与交流发现问题，比如语文老师总能在学生的周记中观察到学生最近的心理动态。班主任应及时跟进，多观察与沟通，不要过早下结论，很多情绪可能只是学生的一时兴起，很快就归于平常。校外，要借力于家长。教师要做好家访工作与访问笔记，平时也要主动了解学生家庭情况，及时发现问题关键点，制定有效的解决方案。在深入家庭的过程中，教师应当引导家长与学生勤沟通，了解子女的内心世界，通过科学的方法帮助学生找到问题的根源、树立良好的价值观，促进其身心健康成长。如果事态还是超出了教师和家长的预期，在发生更大的问题之前，应及时求助于心理医生，早预防、早治疗。

在疏导的过程中，教师一边全心全意地倾听，一边也被期待着做出反馈和回应。所以教师要具备高超的共情能力，接纳并理解学生的每一种情绪，把这份理解用有内容、有参与、有力量、有余地的语言反馈给学生，让他感受到自己的真诚关注，并帮助他从这份反馈中获得重新审视自己的角度。反馈的内容要亲切、接地气，有情绪和参与，真诚表达。最高层次的共情未必就是最合适、最恰当的，教师也许已经捕捉到了学生未表达或未察觉的情绪，此时要保持谨慎，在语言的反馈上，很多时候留有余地比一针见血更恰当。这也是做人做事的大智慧。

在对学生进行心理疏导时，提问是不可避免的。沟通中常见的问题可以分成封闭式问题和开放式问题两种。封闭式问题可以帮助教师快速获取需要的信息，但在进行心理疏导时，不鼓励过多使用封闭式问题。因为其提问方式不利于学生主动表达信息。我们应该鼓励他们自由、自主、积极地表达自己的情绪和想法，不能压抑学生想表达的欲望。因此提问也有很多技巧和注意事项。首先，提问用于澄清，可帮助我们更快了解学生情况，避免理解偏差。其次，提问用于聚焦，合理的提问可帮助学生将复杂的情况汇聚到一个需要解决的具体问题上。再次，提问用于质询，探寻原因。带着好奇的质询应该是中立、开放且无预设的，慎用"为什么"这样的词语，避免引起学生的反感。只有中立的开放的质询，才能让我们获得有价值的信息。最后，提问用于赋能，通过提问引导学生有所发现，着眼于问题的解决。

高中班主任应如何呵护学生的心理健康呢？

1. 营造良好的育人环境，打造和谐友爱的班级

环境是一种隐形的教育资源，良好的环境对教育有积极的促进作用。班级是学生学习和生活的重要场所，良好的班级环境有助于培养学生健全的人格，使学生成为乐观向上的人。所以，高中班主任要重视班级的环境建设，在教室里张贴文明标语、励志名言，带领学生参与文明班级、先进班级建设，让学生在耳濡目染中受到教育。然后，再立足于班级建设，面向全体

学生，开展预防性与发展性心理健康教育，让学生正确认识现阶段存在的问题，适应环境，在学习和交友方面有新的进步。在育人环境创设中，班主任需要注重良好师生关系的构建，和学生开展平等的交流，真正走进学生的内心世界，为开展各项班主任工作做好准备。与此同时，要摒弃应试教育理念，鼓励学生上好心理健康教育课，广泛宣传心理健康知识，开展心理咨询与辅导活动，培养学生的心理素质。此外，高中班主任还要加强班级管理和心理健康教育研究，根据高中生的心理行为与表现，将心理健康教育融入班风、学风建设中去，开展于健康有益的不同形式的集体活动，如主题班会、交流讨论会、爱国教育实践活动，打造一个和谐友爱的班集体，完善学生的人格，营造良好的育人环境。

2. 开展各种活动，强化心理健康教育的效果

高中生正处于敏感、骄傲的青春期，加上学习压力较重，所以他们经常会存在各种心理困惑。通过有效的心理健康教育方法教育和保护学生，促使他们平安、健康、快乐成长，具有一定的必要性。适合高中生的心理健康教育方法非常多，其中，各种形式、主题不同的活动最受学生的欢迎和喜爱。所以，在班级管理中，班主任要发挥桥梁和纽带作用，带领学生积极参与到各种活动中去，以增进学生的心理健康。如针对高中生群体中普遍存在早恋、思想消极、玩手机、缺少自控力等问题，班主任应当避免严厉的批评说教，特别是当着众多学生的面，使得学生自尊心受到伤害。班主任需要从学生角度出发，和学生成为好朋友，了解学生出现这些问题的真正原因，结合学生性格特点，采取有针对性的教育方式。班主任可以邀请升入优秀大学的学长回校开展讲座，让学生了解一个优秀的高中学生应该具有的素养，促使学生客观地认识自己。又如，在艺术节、运动会等集体活动中，班主任可以组织学生全员积极参与，过后分享过程中的心得，将心理教育融入其中，以培养学生的爱国情感，塑造学生自爱、自信、团结合作的人格。在活动中，班主任需要发挥自己的榜样作用，以自身魅力吸引学生，让学生从内心敬佩，成为学生行为的引导者和学生的知心人，使学生在活动中开阔视野，成为一个精神富足的人。这些，都可以强化心理健康教育的效果，促使学生不

断完善自己。再如，在高考前最后的复习阶段，高三学生们经历的是日常的周测和阶段性的测试，但是很多学生的成绩并不是很稳定，有时候会差距很大，再加上日常繁重的学习任务会使得学生们产生很大的挫折感。这时他们的心理会发生一些变化，因此班主任应该帮助学生树立正确的挫折观，让他们认识到前途是光明的，但道路是曲折的。只有在曲折的道路上勇往直前，树立信心才能看到光明的未来。同时，班主任可倡议同学们利用紧张复习之余的零碎时间，尽量多参加体育运动，比如晚自习之后在操场上慢跑，除了能增强学生的体质、打好高考攻坚战之外，也可对紧张情绪进行自我排解和自我修复，使学生可以真正地树立良好的心态，正面挫折，勇往直前。

综上所述，心理疏导工作对于促进学生综合素质的发展有着十分重要的意义。做学生心理健康的呵护者是时代对班主任的要求。所以，高中班主任要提高思想认识，关注学生的心理健康，并充分发挥自身在学生心理健康教育方面的积极性，运用科学的策略减轻学生的心理压力，帮助学生克服心理问题，最终形成正确的世界观、人生观与价值观。

走心教育 静待花开

山东省青岛第二中分校 黄艳丽

教育是一种心灵的唤醒。一花一世界，世界上也没有完全相同的两片树叶。教育是一场温暖的修行，是一项静待花开的事业。班级管理工作是一项综合工程，需要凝聚集体的智慧和力量。作为"一家之长"的班主任需要协调好科任教师之间、师生之间、学校与家庭之间的关系，为学生创造一个和谐的学习环境，为家长和孩子搭建沟通的桥梁。有人说，教育是一门科学，其价值在于求真；教育是一门艺术，其生命在于创新。

一、把握教育的时机是教育的第一大关键

班主任要善于抓住教育的时机，多给学生一个机会。接手新班的时候，为了快速记住每个学生的特点，我会安排学生制作一张"我的名片"，从简短的文字中可以快速了解学生们初中三年的情况、性格、兴趣爱好……"没大有时间观，爱吃能睡，为人感性，略微不合群，希望高中三年交到一生的朋友。"这是一名男生的自我简介。简洁的文字引起了我的好奇，这是一位什么样的男生？起初确实让我有所领教，晨读他会经常因肠胃问题蹲在厕所里半天出不来，以致影响到第一节的上课时间；在上课的时候他又会趴在桌子上呼呼大睡，只要一下课，他便精神抖擞；他的课桌周边时不时会有饮料瓶、食品包装袋……我该如何对他进行管理？经过几次说服教育，我发觉教

育的有效性并不长。在平日的相处中我观察到他是计算机小高手，于是我推选他为班级的信息网管员和信息课代表。我先带着他将岗位职责逐一认真地学习，让他懂得作为一名学生干部应以身作则。于是，每天第一节课之前他都会提前将电脑打开，为老师和同学们做好上课的准备。在责任与担当中这位同学的晨读出勤率和学习生活习惯都大有改善。

随着高中课时和知识复杂程度的加重，学生成绩很容易产生两极分化，有的学生甚至会感到迷惘，对前途失去信心。心理疏导是第一。尤其离近高考，学生的心理问题也越来越突出。这一时期，学生容易产生急躁、压抑、焦虑等不良情绪，有的同学会找老师、家长或其他同学倾诉；而有的同学就会不喜言语、郁郁寡欢、心不在焉，长此以往影响到成绩和身心健康发展，这就要求我们教师必须随时保持高度的职业敏感，及时捕捉学生心理上的一个个微小的不和谐音符，帮助他们把握学习与生活的旋律，正确地认识生活和自己。

班级学生大致分为文化课、单招、艺考、春考这四大类。一部分艺考生专业考试结束后回归课堂，如何让他们忘掉艺考，彻底静心呢？在艺考证下发的阶段中我要时刻关注这部分学生的情绪。一次，有两个学生突然在班里哭了，和其他同学交流得知是因为对名次不满意，我和家长多次沟通又分别找到这两个学生予以心理的抚慰，他们慢慢开始释怀，在学习上铆足了劲儿，最终的艺考成绩都非常优异。班级中还有一个同学，高中三年，从高一的阳光到高二的放松到高三的无所谓，成绩下滑得让人挠头。可以说，我和他交流过无数次，记得学期刚开学时，我和这个男生站在学校附近的南京路和江西路十字路口足足说了两个小时，但他仍是我行我素，这一度让我备受打击。我依然坚持不放松对他的要求，经历了"一模""二模"的打击，我慢慢地看到了他的变化，从年级的理科倒数到本次高考中通过了本科线，他成功地突破了自我，在下发成绩后第一个把电话打给我，让我感受到了学生对我的感激和信任。当然还有一部分在校外的艺考生，我也是坚持每周都与家长交流，与学生沟通。我会定期给每位学生发送"心灵鸡汤"。

二、重视自信心培养，促学生成才

拥有一个非常自信的心态，是渴求成功的人必须要具备的条件。高中生正处于心理高速成长的阶段，自信心在高中生心理发展中起着非常重要的作用。"今天上课W同学一直趴在桌子上""W同学听讲不在状态""W同学作业又未完成"……这是我和任课老师交流中常听到的话语，真令人挠头，怎样才能让他调整好学习状态呢？在一次期中考试中，他的地理成绩是班级第一，我设计了"认识自我，悦纳自我"为主题的班会，在"遇见更好的自己"的环节中，请他与同学们分享学习地理的妙招，帮助他建立自信心。当他取得一点进步的时候，我会及时给予肯定，定期与他进行思想交流，和他一起制作"学习约定"。日常随时关注他的听讲状况和作业完成情况，当他上课犯困的时候我们约定好允许他在不影响他人的情况下站着上课；作业不能及时完成时，我们约定好先保证把会的题做好，再尽全力去完成有困难的作业题。我基本上每天都会和他做简单的交流，慢慢地从思想上影响他，将他好的态度、行为在班级中正向表扬，同时也会时不时地纠正他的一些不良行为，在赏识中激发其信心和学习动机，让他由内而外地转化。"黄老师，在您与孩子进行长谈后，他有所触动：他答应像爱妈妈一样爱老师，像爱家一样爱班级，遵守学校班级的规则，按时完成作业，上课不睡觉。愿意接受老师的监督。"男生妈妈发来的这段话语让我甚是欣慰。我们之间的约定从高一一直坚持到高三，他的文化课成绩从班级的倒数一步步前进至班级中上游。"尺有所短，寸有所长。"作为教师，帮助学生扬长避短，一点点积累人生的自信心，有时可能比教学科知识更重要。

三、用欣赏的眼光发现学生的优势

作为一名班主任，我从高一起就注重通过主题班会、班级活动让学生学会认识自我、准确定位，根据自身情况，通过生涯规划测评，探索个人的兴趣倾向，评估出自己最擅长的科目，再分析并整合外部信息，最终找出自己将来更有可能脱颖而出的领域。鼓励学优生积极参与学科竞赛并关注"强基计划"。

高二是高中学习的分水岭。高二走班后，班内很多同学的成绩出现了些许波动，他们开始感到迷茫，纷纷主动找到我，就未来的大学发展方向我们进行了探讨，我从这些同学的兴趣爱好入手，结合他们的学习成绩，分别为有所需求的同学做艺术专业评估，做好学生和家长的咨询师，尽自己所能广泛了解艺术专业，借助网络资源搜集与美术、舞蹈、播音主持、模特、音乐、编导、体育单招、春考相关的各种信息。其中有一位男生，学习成绩不佳，离本科分数线相差甚远。他非常喜欢音乐，我鼓励他重拾之前的钢琴和单簧管专业，有想法，更要有行动，在不影响正常课程时，允许其在琴房练习钢琴，慢慢地他的自主性开始加强，由于键盘专业录取相对比较严格，他的优势并不是很大，在几番选择后我帮助他确定了艺考方向——录音专业，有了目标，他的动力十足，学习成绩也在不断地提升。学生家长给我发短信："感谢老师一直宽容他，不放弃他，他好像是过了别扭的青春期，懂事多了。" 我真心地体会到，人生就应该是一个"慢"的艺术，教育亦是如此。就像养花一样，每朵花都有自己的花期，需要人们边养边看边等待，花期晚不要紧，重要的是最终都会开放。正如我们一起期望的那样，这位男生在高考中一举夺魁，考取了浙江传媒学院，实现了他的艺术梦想。

十年树木，百年树人。教育的真谛在于唤醒生命，是一棵树摇动另一棵树，一朵云推动另一朵云，一个灵魂唤醒另一个灵魂。教师是平凡的工作，肩负着社会赋予的重任，面对的是一群鲜活的生命个体；同时也是一个非常伟大的职业，老师真诚的爱、热情的鼓励是打开学生心灵的金钥匙，要用走心的教育去滋润每个学生的心灵。

教师应为学生点亮理想的灯、照亮前行的路，做好学生的"成长引路人"。作为班主任，要以足够的耐心、细心、爱心和责任心去面对每位学生，在平凡的岗位上学做一名智慧型的教师，期待每位学生的蜕变与成长，允许学生在错误中成长。三年来，有苦有乐，我坚信每个学生都是最闪亮的那颗星，我愿和他们一起追梦、圆梦。

《做一个学生喜欢的老师——我的为师之道》读书感悟

青岛西海岸新区胶南第一高级中学　姚晓昕

【书籍基本信息】

作者：于永正。

内容简介：此书是于永正老师对自己50多年教育生涯的总结，也是他的"封笔"之作。内容主要包括三个方面：对教育的实践与感悟；对语文教学的实践与感悟；忆师友与对人生的感悟。此书不仅言之有物，还言之有理、言之有据、言之有情，有于老师对语文教学的见解，但更多的是他的语文教育实践——课堂教学实录。通读此书，我们可以真切感受到于老师的教育观、语文观和学生观，一位有教育情怀、在教坛上辛勤耕耘、善于总结反思的优秀教师形象跃然纸上。

【书摘·第1章　做"甘草"】

精彩片段1

　　至圣先师孔子有五大美德，叫作"温、良、恭、俭、让"。温文尔雅、和蔼可亲居五大美德之首。应该说，"温"是所有学生对所有老师的第一期盼。

　　……

　　……我的做人准则是：不论人非，但言人是；容人之过，谅人之短；见贤思齐，见不贤而内省。

感言：回望自己走过的路，反思自己教育管理过程中的得与失，成功的方面在于自己能够向身边优秀的老师们学习，并寻求前辈们的帮助。自己在四年的工作学习中受益匪浅。不足的地方在于自己还是过于年轻，容易感情用事，处理问题不够理性，有时事与愿违，没有达到最初的效果。综上，自己还需要加强学习，以达到理想的教学境界。

精彩片段 2

做甘草，就是做个好人；是好人才能成为好老师，成为学生喜欢的老师。

做好人，就是做个温和的人，做个宽容的、善解人意、善待学生的人。做甘草，就是做个动脑子的人，有智慧的人。有智慧，才能把工作做好。

有智慧的表现之一，就是践行伟大的中庸之道。处理教育、教学中的问题，都要思而后行，做到"不过"，也"无不及"，让学生健康地、全面地、和谐地发展。

感言：甘草多生长在干旱、半干旱的沙土、沙漠边缘和黄土丘陵地带，在田野和河滩地里也易于繁殖。它适应性强，抗逆性强，具有清热解毒、祛痰止咳等功效。希望自己也能如甘草般温和，能够发挥出自己的价值，在学生最美的年华，助力他们实现最初的梦想。

【书摘·第2章　让每个学生都感到我喜欢他】

精彩片段1

不强求你喜欢每个学生，但要做出喜欢他的样子。如果你的行为并不说明你喜欢他们，那你无论多么喜欢他们都没有用。但是，如果你的行为表现出你喜欢他们，那么，无论你是否真的喜欢也无关紧要了。

……

这样的话，一定会让某些道貌岸然的理论家所不齿——明明不喜欢，怎么还要做出"喜欢的样子"呢？老师岂不成了伪君子？

但，不是！

这段话的关键词是"样子"和"行为"。"样子"我会做，因为很简单。

感言：这段话让我感触很深，既表达出老师需要关爱、尊重学生这一道德要求，也表达出老师也会有自己的喜好。如何在这两者之间寻找平衡，于老师给出了一个很棒的示范。老师和学生都要做真实的自己，彼此相互珍惜，相互尊重。其实，良好的师生关系就是这样的简单。

精彩片段2

我从教整整半个世纪了，很想找一些"大"事来写，但没找到——其实是没有。到目前为止，既无奋不顾身下水救人的事迹，也没有在千钧一发之际力挽狂澜的壮举，有的只是一些平平凡凡的小事。可以说，我的一生是由这样的无数像土砖一样的小事筑成的。但是，就是这么一堆近乎琐碎的"喜欢学生的行为"，却赢得了学生的尊重与喜爱。

感言：于老师以自己的教育生涯现身说法，平凡中可成就伟业。教育是教师为之奋斗一生的事业，教师都想有所成就，成就学生，成就自己。作为教师行业中普普通通的一员，我也期待自己成为受学生尊重与喜欢的好老师，在点滴小事中积累与学生的情谊。

【书摘·第3章　是师非师，是课非课】

精彩片段1

既然师生关系是平等的，我们就不妨放下架子，不以长者自居，不居高临下俯视学生，而应该蹲下来看学生，在教学中实现"平等对话"。

感言：只有在民主平等的师生关系和生动、活泼、和谐的教学氛围中，教师对学生的期望和厚爱才能转化为学生的领悟和愉快的情感体验，师生之间才可能产生心灵的感应、情感的交融，从而结出期望的硕果。

精彩片段2

"不要太像上课"，说的是老师在课堂上要少些包办、限制和理性，多些自主、引导和情趣。师生不妨都放松一下，乃至于"放任"一下，让课堂教学生活化、游戏化。限制太多，要求太严，学生在课堂上势必缺乏安全感、轻松感，学生的思维势必凝固。在课堂上，我力求做到语言生活化、口语化，让表达浅显而生动。教学设计力求新颖，并不断变化形式，但万变不离其宗。这个"宗"，就是语文，就是听、说、读、写。

感言：课堂形式有多种，找到适合学生和适合自己的才是最佳的。一节课是不是好课，可以从三个层次来把握：第一个层次为"看山是山"——教师心无旁骛地投入学科教学中；第二个层次为"看山不是山"——教师上课上出独特的韵味；第三个层次为"看山还是山"——达到"人课合一"的境界。在第三个层次中，不仅老师是"演说家"，学生也可以是激情洋溢的"演说家"。这样的课可以给学生留下终生难忘的印象，其教育意义会烙印在学生的心灵深处。

【书摘·第4章　童心不泯】

精彩片段1

罗丹说："美是到处都有的。对于我们的眼睛来说，缺少的不是美，而是缺少发现。"为什么会"缺少发现"呢？我想，好奇心的缺失是一个重要原因。试想，没了好奇心，对什么事都无动于衷，还能发现什么呢？

感言：高中阶段，要保留住高中学生的好奇心，让他们用发现的眼光看世界。我们要用宽容之心去呵护学生的好奇心，给他们指出努力的方向，让每一个学生都能感受到进步的快乐，获得健康的身心。与此同时，我们可以问一下自己，是否对身边的事情还留有发现的眼光呢？

精彩片段2

差异是永远存在的。差异可以缩小，但不能消灭。每个学生都渴望老师关注他、关心他，希望老师能亲切地对他一笑，亲切地和他说话，后进生尤其。就因为老师的一句关心、鼓励的话而使一个学生发生了根本性转变的例子不胜枚举。

感言：一个微笑、一句暖心的话就可以看到学生开心的笑容，作为教师，我们何乐而不为呢？

【书摘·第5章　行无言之教】

精彩片段1

　　练字，是我备课的一项重要内容。写教案，不等于备课。要在练"本领"上下功夫。每课要求学生写的字，我必先照着字帖练；要板书的词语，我也要练，力求让板书的字，成为学生的"字帖"。老师写在黑板上以及在各种作业上写的字，对学生的影响很大。

感言：书写是我的硬伤，在学生时代，看到老师和同学一手好字，自己很是羡慕，也尝试练过，但没有坚持下去，最终还是停留在低水平。字还得练，在"练"上下功夫。同时以自己为鉴，告诉学生一定要好好练字。练习书法可以修身养性，陶冶情操；可以磨炼意志，做事认真。

精彩片段2

　　诚如孟子所说："贤者以其昭昭，使人昭昭。"不明白，就失去了"引导"者的资格，放任自流，听之任之，就在所难免。"以其昏昏"，哪里会"使人昭昭"呢？所以，我努力做个"明"师。不求有"名"，但求心"明"。"明师出高徒""师傅不明弟子拙"。

感言：我一直觉得，弟子身上留着师傅的影子。师傅聪慧，弟子也会聪慧；师傅有条理，弟子也会有条理。所以，我们期望弟子成为什么样子，首先师傅就要成为什么样子。我要成为"明"师，成为学生可以学习的师傅。

【书摘·第6章　激励】

精彩片段1

　　教学艺术的本质，不在于传授的本领，而在于激励、唤醒和鼓舞。如果说教育的第一个名字叫"影响"，那么，它的第二个名字便叫"激励"。

感言：鼓励是一种有效的教育教学手段，教师的激励行为有利于挖掘学生的内在潜力，调动其创造性、主动性；有利于鼓舞士气，增强班集体的凝聚力。霍桑实验在企业管理方面证实了激励手段对员工生产的积极性。

精彩片段2

　　表扬、激励要及时，事情过去很久了，再去赞扬就失去了意义。如果说别的事可以拖一拖，那么赞扬不能拖。对突出的事迹、表现，还要重复赞美，而且要当众赞美。这样，会增强被赞美学生的荣誉感，对其他学生的示范、引领效果会更明显。

感言：教师善于观察，抓住时机，适时、充分、恰当地对学生进行鼓励，往往会达到事半功倍的教育教学效果。

【书摘·第7、8章　把课上得有意思】

精彩片段1

不断地教出"恍然大悟"来，学生就会有悟性，有灵性，不至于把学生教"死"，教傻。这样教，学生就不会觉得学语文索然无味，就会对语文——乃至对其他学科——产生浓厚的探究兴趣。

感言：兴趣是求知的内在动力。激发起学生的兴趣，学生就会积极主动地学习，学得轻松而有成效。

精彩片段2

我们的教学更要研究教学对象——学生，要研究学生的基础状况。第斯多惠说："学生的发展水平是教学的出发点，教学必须符合受教育学生的发展水平。"他说的"学生的发展水平"，即理论家说的"解读先结构"。

感言：教师教学的对象就是学生，每一个学生都有不同的特点，每个班级也有属于自己的特点，这就要求教师在备课的时候要注意到学生的学情，特别是教的班级较多的时候，要根据班级的特点对教学做相应的变动。个人理解，学情分析需要分析学生的年龄特点，分析学生已有的知识经验，分析学生的学习能力，据此设计教学任务的深度、难度和广度。经验丰富、能力较强的老师还可以进一步分析本班学生中学习能力突出的学优生和学习能力较弱的学困生特点并因材施教，采取变通灵活的教学策略。

精彩片段3

有人说，教学要深入浅出。我完全赞同这个观点。深入深出不好，浅入浅出更糟糕。备课时，我在如何"浅出"上花的工夫，远比在"深入"上花的工夫多。"深入"而能"浅出"，就是我说的

"举重若轻"。

感言：备课是我在教学中必须加强的。苏霍姆林斯基说过，教师越是能够运用自如地掌握教材，那么，他的讲解就越是情感鲜明，学生听课后需要花在教科书上的时间就越少，这是教师素养一个非常微妙而又非常重要的特征。

精彩片段4

……人生是花，语文是根。语文功底好，并有读写习惯的人的人生，一定会收获充实，收获高质量的人生。写，尤为重要。会写，且具有写作习惯的人，都会具有他人比不了的感受力、想象力和思考力。写的过程，是感受升华的过程，认识提高的过程。文字，则是认识，甚至带有规律性东西的沉淀与物化，进而它会规范自己今后的行为，以走向更大的成功。

感言：语文教师如果没有"读""写"这样的硬功夫，要完成语文教学任务，培养学生读写及思维能力，的确是很困难的。语文教师时时练苦功是必要的：功夫深厚了，站得高、看得远，语文教学才能进入佳境。善于学习、勤于动笔是教育者应该做的，总结是一种智慧，也是一门学问。历览前贤俊杰，凡事业有成者，往往都善于总结。

【书摘·第9章 "明天的风景"】

精彩片段1

有人说，成就自己的，是"明天的风景"。这是诗人的语言。说白了，就是一个人得有追求，有自己的人生目标。有了目标，才会有前进的动力。

感言：在你迷茫的时候，告诉自己有目标；在你失落的时候，告诉自己有目标。在任何时候，你都要有目标，才不致使你绝望。

精彩片段2

如果人生没有目标，就好比在黑暗中远征。人生要有目标，一辈子的目标，一个时期的目标，一个阶段的目标，一个年度的目标，一个月份的目标，一个星期的目标，一天的目标……一个人追

求的目标越崇高越直接，他进步得就越快，对社会也就越有益。有
了崇高的目标，只要矢志不渝地努力，就会成为壮举。

感言：原书中引用的这段话给了我们一个奋斗的方向：一天，一个星
期，一个月，一个年度，一个阶段，一个时期，一辈子。我们要想进步，要
想有所成就，就需要做好专业发展规划，有目标的指引，从而不至于迷失方
向。真正有毅力的人清楚自己人生的目标且愿意承担责任，有颗坚强非凡又
满怀希望的心。

【书摘·第10章　还有话说】

精彩片段1

　　……什么是"以文化人"？他说："经典的文化如果内化到我
们个体的心里，外化出来就是一道绚丽的风景。因为经典文化可以
改变我们的话语方式、思维方式，甚至言谈举止，以至于心灵状
态。"一句话，"以文化人"就是把知识转化为人文素养，把理论转
化为行为。简单地说，就是"学以致用"。

感言："斯文在兹"是母校图书馆前的石刻内容，意思是文化知识掌握在
自己的手里。"以文化人"则强调要发挥文化的社会作用，发挥文化对人潜移
默化、深远持久的影响，为个人的发展提供精神动力和智力支持。

精彩片段2

　　素养和知识的差别，容许我窃取王阳明的语言来解释。学生问
他为什么许多人知道孝悌的道理，却做出邪恶的事情。王阳明说：
"此已被私欲隔断，不是知行的本体了。未有知而不行者；知而不
行，只是未知。"

感言：王阳明先生的"心学"今天对我们仍有借鉴意义。比如我们道听
途说地以为某件事情很难做，但是当真正做起来的时候，却不会那么难。很
多事情不能只是听别人说或者凭之前的经验之谈，因为社会在变、人在变，
当有疑问的时候，要去实践中求得答案，去解决自己的疑惑，求证别人的说
法。所以后面有一句是"行而不知，可以致知"。

把教师职业当乐事来做

青岛西海岸新区胶南第一高级中学　姚晓昕

　　不知不觉自己的学生们步入高中已有三个月。在这三个月中，我见证了学生们从初中时的稚嫩向高中后的自律、自理的转变；他们也见证了我从初一班主任一直到高一班主任的身份的转变。我们都是幸运的，因为我们在各自最青春、最富有活力、最有理想的阶段相遇。

　　生活的压力无处不在，对待压力的反应不同，其结果自然不同。教师把自己的工作当作乐事来做还是当作烦心事来做，会直接影响到教师的工作效能和幸福感。作为教师，如何悦纳自己，把工作当作乐事？在工作中，我有以下几个思路。

一、保持活力的快乐

　　有一位老师曾说过，如果孩子生活在批评中，他便学会谴责；如果孩子生活在敌视中，他便好斗；如果生活在恐惧中，他便会忧心忡忡；如果孩子生活在鼓励中，他便学会自信；如果孩子生活在受欢迎的环境里，他便学会钟爱别人；如果孩子生活在友谊中，他便会觉得生活在一个多么美好的世界。谁不想生活在快乐的环境中呢？

　　快乐是一种心境，与财富、年龄与环境无关。活力最有感染力，充满活力的老师最有亲和力，最能感染学生、鼓励学生，帮助学生以更快的节奏进入学习状态。快乐有点像感冒，传染得很快。有活力的教师带来有活力的课堂，有活力的课堂对学生更有吸引力，可让学生每天活力四射，思维活跃。这样的课堂不正是我们教师所期待的吗？

二、体会尽责的快乐

魏书生老师在《享受尽责的快乐》中说，人生就是一个各得其所的事情。人家快乐着自己的快乐，我们快乐着我们的快乐。不断从新的角度看待教师这份平凡的工作，我们才能越干越有味道，才能觉得自己发展的空间原来很广阔；要把学生、班级、教室、学科、课堂都看作宏大的世界；把不听话的学生当成提高自己教育教学能力的资源，管理学生就会有无穷无尽的乐趣。

学高为师，身正为范。从选择成为人民教师那天起，我就对自己提出要求，"用心做事，用情育人"，尽自己所能地做好本职工作。作为班主任我每天有更多的时间跟学生交流，了解每个学生的身心状态。发现班级或者学生问题时，我会及时想办法解决，如制定班规班约，对学生进行心理疏导。学生的问题少了，老师的烦心事自然就少了。

三、提升育人的快乐

苏霍姆林斯基说过，没有也不可能有抽象的学生。教师要承认、尊重、适应、利用和发展学生个体的差异，突出学生的主体性、体验性，凸显教学的人文性，保证学生持续发展和终身发展的原动力，全面提高学生的素养，这是我们各科教学老师和班主任工作的出发点和归宿。

班里学生是来自区里各初中学校的优秀毕业生，他们活泼开朗，表现欲望强，个性也很强。如何把优秀但彼此不了解的学生团结起来，增强班级凝聚力，是我开学初重点考虑的事情。

1.抓住军训契机

良好的开端等于成功的一半。军训是高中生活的第一堂课，抓好了军训教育，班级团队力量的培育无异于成功了一半。军训中有不少团队合作的项目，需要大家共同协商，适当"低头"。军训期间，我一直陪伴在学生左右，对于每个学生的性格、做事态度有了大致了解，便于军训后组建新的班委，借助班委的力量凝聚班级的力量。

2.庆祝班级学生生日制度

开学初由班长负责统计好班里同学的生日时间，每次班里有学生过生日，我们利用晚自习前的两三分钟为过生日的同学齐唱生日歌，有提前准备节目的同学也可以表演节目，表达祝福。这样做，一方面可以让过生日的同学感受到集体的温暖，尽快融入集体，另一方面，也可以让班里同学相互了解，增进向心力。

3.制定阶段性目标

结合教室门前的宣传栏区域，我跟学生共同制定了班级本学期的目标。在每个阶段，我们都有自己的奋斗目标，每达成一个目标，我们都会在目标后面打钩，通过一个个目标激励我们不断前行。

通过以上举措，班级的凝聚力得到了极大提高，班级先后获得2018级军训优胜班级、秋季田径运动会高一团体总分第一名的荣誉。有了这些荣誉后，班级凝聚力更强了，同学们的劲头儿更足了，老师更放心了。

把教师职业当成乐事，不是精神胜利法，而是改变了教师的自我认知态度。功名利禄只能带给我们短暂的快乐，唯有心灵的平静加上对工作的热爱，才能带给我们永恒的喜悦。教师不可避免地会遇到繁杂琐碎的教学工作和棘手的班级管理工作，如何把烦心事变为乐事，关键在于我们的心态。作为育人者，我们要守住心灵的宁静，多改变自己、少埋怨环境，选择积极的角色进入生活，提高乐观面对人生的能力。

班主任经验交流

青岛西海岸新区第六初级中学　姚晓昕

　　不知不觉教初一快一年了，我一直忙碌着、紧张着，同时也充实着、快乐着。感谢领导们对我的信任，感谢同事们的大力支持。我很幸运，遇到了一群优秀的学生，他们给了我尊重、理解和支持。下面，我将做班主任的一些心得体会与大家共同分享。

一、定目标，明确奋斗方向

　　新学期一开始我们就确立了班级的奋斗目标，那就是要打造级部最优秀的班级。我们班的奋斗目标：学习一流，常规一流。站就站排头，争就争一流，以此鼓励学生既要有雄心壮志，对自己高标准、严要求，又要脚踏实地、从点滴做起，做最好的自己。我鼓励学生做到"有人格，有胸怀，有教养，有能力；有计划，有规律，有效率，有成绩"（前面的"四有"是教导学生怎样做人，后面的"四有"是教给他们如何学习）。要树立自己的奋斗目标，不求人人优秀，但求人人进步。

二、抓开端，养成良好习惯

　　我觉得班主任最关键的工作时机是开学的第一个月。如果第一个月抓住了，那么我们以后的工作将轻松而得心应手。我第一个月的工作重点是帮助并督促学生养成良好的习惯，学生到校后养成"进门即静，坐下就学"的习惯；自习课的要求是"静人、静心、静教室"；正课的要求是"心无杂念，口无杂言，手无杂事"和"动手、动口、动大脑"。课堂纪律，卫生的打扫，校服、校牌、路队等这些都是常规管理的重点，鼓励每一个同学都以"成功从这一刻开始"的要求约束自己，改掉坏习惯，做好每一天，形成优秀的学习习惯，铸造优异的班风。

三、要自律，给学生做表率

班主任是一个班的灵魂，一个好的班主任必须要有人格魅力，用人格魅力征服学生，用自己的热情和朝气去感染学生。学生是班主任的影子，班主任对学生的影响是潜移默化的。特别是初一阶段，正是学生世界观、人生观、价值观形成的重要时期，我们希望学生成为一个什么样的人，我们自己就必须首先是个什么样的人。我们强烈的事业心和忘我的工作精神，将给学生以极强的示范作用。

四、用心思，排好学生座位

说实话，排座位曾经是一件很令我头疼的事，要考虑的因素很多，比如怎么样才能公平，怎么样才能有利于学习、有利于团结。经过摸索，我找到了一个自认为还不错的办法，那就是民主集中制。排座位前，每个学生把自己的要求和愿望写给我，然后由我和班长根据学生要求和表现排座位，学生的要求和愿望一般都能够满足，同时兼顾学生的身高。这样做的优点很明显：一是学生心情舒畅，有利于学习；二是学生自愿合作学习，有利于团结。

五、用爱心，营造家的氛围

第一次开班会我就跟学生们说："一个班就是一个大家庭，我是家长，大家都是兄弟姐妹。既然我是家长，你们就要学会理解家长永远是爱孩子的，这种爱无私无畏，不容置疑。如果我对你的批评过火了或者方式不对，你可以来办公室，我们一起交流。"这样一来，学生就从心里接受了我，即使我对学生有所批评，他也会意识到老师是为他好。当然，我们尽量做到良药不苦口，忠言不逆耳。另一方面，兄弟姐妹之间要互相帮助，有小矛盾时也要大度一些，互相体谅。

六、俯下身，和学生做朋友

初一学生不喜欢说教式的班主任，如果班主任经常板着脸，发号施令，就很容易造成学生的逆反心理。虽然他们年龄都很小，但也是一个个鲜活的生命，有自己的意志，和老师在人格上是完全平等的，所以，不要时时处处都讲师道尊严，应该俯下身来，和学生做朋友。另外，班主任还必须经常学习新知识，更新观念，和时代同步，和学生一起成长。了解学生知道的，喜欢学生喜欢的，拉近和他们的距离，和他们有更多的共同语言，不至于因年龄而产生代沟，因身份而产生距离。

七、下功夫，开好每一次家长会

我很重视家长会的作用，每次家长会我都会投入很大精力，做充分的准备，有的放矢地确定主题。我开家长会主题明确，第一次主题为"齐心协力育英才"，第二次是"竭尽全力求进步"，第三次是"凝心聚力续辉煌"，第四次是"敞开心扉话爱生"，初一最后一次班会的主题是"我们一起走过"。好多家长反映家长会开得很好，能帮助家长与孩子进行有效的沟通。

我会不断地向各位老师学习，尽自己的最大努力把班级带好。最后，用一句话与各位老师共勉：用力干只能干出称职，用心干才能干出优秀。

班主任路上的我

山东省青岛第五十八中学　王麦斌

　　2016年我从学生变成了老师，同时担任班主任，一切都是从零开始。一路走来，感谢学校各位领导的支持和包容，感谢各位老师的指导和鼓励。回首这几年的班主任工作，我本着对学生、家长、学校负责的原则，牢记教会学生做人和学习两大主题，结合学校和本班的实际情况来开展工作。随着时间的不断推移，我对班主任工作有了全新的认识和见解。

一、对待学生要有无私的爱

　　教师对学生只讲付出、不计回报，要做到"爱心、耐心、细心"俱到，无论是在生活上还是学习上，要时时刻刻关爱学生。爱是阳光，能融化坚冰；爱是春雨，能使枯草发芽；爱是神奇，可以点石成金。

　　许多教师扎根山区只为每个孩子能成长，使山里的孩子不自卑，有健康的人格，凭借自己的勤奋学习，能到外面闯一番事业。这种大爱是社会发展的不竭动力，这些教师更是我们青年教师不断学习的榜样。

二、教师要具备强烈的事业心、责任感

有人说教师是人类灵魂的工程师；有人说教师是燃烧自己、照亮别人的蜡烛；有人说教师甘做人梯，默默耕耘；有人说教师是太阳底下最崇高的职业。人们几乎把所有赞美之词都给予了教师这一职业，这让教师这一职业担负起更多的责任。

爱心护航只为让学生有更广阔的视野。在教师眼里，学生犯错误是很正常的，该批评就要批评，该原谅也要原谅，要像对待自己的孩子一样，从生活上和学习上去关心他们，多看到他们身上的闪光点。教师应该始终坚信，是不良习惯阻碍了学生的成长。所以教师要从帮助学生明确学习动机和端正学习态度入手，层递式解决"我要学习""我能学习""我会学习"三个问题，教给他们记忆方法、读书方法、做笔记方法以及提问技巧、复习技巧、利用时间的技巧。教师更应该将每个学生都放在心上，决不放弃任何一个学生，教他们做事的同时先教他们做人，充分挖掘他们的个性潜能，转化学困生。

三、教师要有与时俱进、开拓创新的进取心

创新是发展的动力。社会的发展需要创新，学校的发展也需要创新。学校创新的根本在于教师的与时俱进，在于教师的进取心。

教师应该有效引领学生去实现自身与学校的双赢。所有教师都应树立"创新教育理念，构建新型课堂"的理念，使"育人为本"的教育观能真正落到实处。除教育教学外，教师还应汇集学校全部学科组资源，大力实施素质教育，建立科技活动中心、校园文学社、校园艺术社、校园体育社等学生组织，大力开展校园文化艺术节及科技小制作活动，为学生德智体美全面发展搭建平台。

在教学研究中，教师不应仅仅局限于积极投身教研活动，还应学会有效组织、指导全校的教育科研。教研工作是艰辛的，然而艰苦朴素、热爱基

层、对生活充满积极乐观心态的精神不正是值得我们学习的吗？

四、多才多艺，增进师生感情

课余时间教师应该积极融入学生活动，不仅要把书教好，还要能够通过自己的才艺增进师生间的关系。篮球场上精彩的投篮、广场上优美的舞姿、音乐室里优美的歌喉……教师的才艺可以让枯燥的课程充满活力，可以让艰苦的学习生活充满乐趣。教师意味着一份沉重的责任，一种无限的光荣。

五、态度决定高度

端正态度才是做好事情的根本前提。首先，教师要静下心来踏踏实实地不断充实自己。其次，教师要甘于寂寞、甘于奉献、甘于钻研和甘做人梯。最后，教师要树立正确的荣辱观，努力增强"学高为师，身正为范，教书育人"的教师使命感，不断强化责任心。

人的一生虽然漫长，可记忆力和精力的黄金期却是有限的，我们现在还年轻，如果还不努力学习，不为自己的教育教学工作积淀下一些经验的话，可能就要来不及了，到老时，一定会为自己虚度年华而懊悔。天道酬勤，只有辛勤耕耘的人才会结出丰硕的成果，哪怕果实不算太多，但只要努力了，一定会有收获。

为人师者，肩负传道、授业、解惑的重任，为了学生的锦绣前程，为了家长们望子成龙、望女成凤的期盼，为了对得起自己的良知，我们要学会"淡泊以明志，宁静以致远"，固守清贫，默默耕耘，无私奉献……人生于世，还有许许多多的责任，甚至还会有一些苦难。当我们不得不面对时，关键在于我们怎样去看待它们。忘记责任，选择颓废，整天抱怨世态炎凉、世事不公，你会一蹶不振；面对现实，选择坚强，你的人生会积淀得更为厚实。因为，天空不会永远阴暗，当乌云散去的时候，蓝天上灿烂的阳光就会照亮大地。

一般而言，我会在每学期的班级管理中注重以下几点。

1. 努力创建一个民主的班集体，培养班干部，让学生"自治"

通过公开竞选的方式让学生选出他们满意的班干部，真正实现"学生管理学生"，而班主任更要对班干部进行培养。许多事情我都征求学生的意见，由生活委员自收自管班费，并定期公开班费收支情况。同时，各项活动的开展强化了学生的团结合作意识。

要管好一个班级，许多工作还得靠学生来干，我所遵循的原则是："班干部能干的事，班主任不干；学生能干的事，班干部不干。"因此，挑选和培养班干部非常重要。班里的很多工作，我只是给予适时的指导，其他的都由班干部来完成，比如劳动委员负责学校大扫除，团支书负责有关团的活动，班长负责统筹安排，充分调动学生的积极性和主动性，培养他们的创造性和自我管理的能力。这一年的工作证明，一个得力的班干部队伍不仅能使班里的各项工作尽快展开，而且对一个良好班集体的形成有着必不可少的作用。

2. 抓好学生的思想政治工作，教会他们为人处世的道理

我们首先要教给学生的是做人的道理，道理教得好，他们会受益一辈子。因而，我充分利用好每天的空余时间，对于一天中班级存在的问题进行分析，指出学生存在的不足，就事论事，讲明道理，并提出相应的要求；利用一切机会教学生为人处世。根据学生的心理和生理特点，从本班女生多、男生少的实际出发，开展了一次较为有效的以男女生交往问题为主题的主题班会，对学生进行心理健康教育。同时，加强对个别学生的思想教育，要求他们学会做人的道理，努力打造积极、健康、向上的和谐班集体。

3. 常规工作取得较为明显的效果

班级配合学校开展行为规范养成教育。经过大家的努力，学生能严格要求自己的仪容仪表，步入校园能自觉穿好校服，佩带好校徽，男生不留长发，女生能扎发；学生能严格遵守请假制度，不旷课；能做好跑操和眼保健操；碰到教师能主动问好。

4. 抓好学生的学习

把书读好、学会学习是学生在校的最重要目的。特别是对于高一的

学生来说，离高考还有一段时间，而这段时间对于他们掌握基础知识非常重要。因此，我想方设法来促进学生学习。

（1）努力创造良好的学风。根据不同的科目对学生进行思想动员，要求他们对学习常抓不懈，并要求他们时常自我反省，反省近一段时间的得与失，并采取相应的措施解决自身存在的不足，以期不断进步。

（2）加强与任课教师的交流，配合其工作。与任课老师共同抓好期末复习工作，并协同安排好各科的复习时间，防止出现各科抢时间的现象，把班主任、科任老师和学生"揉成一根绳"，共同创造美好的未来。

（3）举行了多次有针对性的主题班会。通过播放感恩教育小短片、安全卫士小视频等教育学生。班会不会采取说教的方式，而是真正地让学生去感悟、去理解，从而促进学生人格的发展。

（4）经常性表扬学习认真和学习进步的学生。对于勤奋的学生及时进行表扬，并号召其他学生向他们学习，以树立浓厚的学习氛围。同时，针对成绩优秀和进步较大的学生，及时地进行奖励。

（5）充分利用班级宣传阵地。在班级宣传板上设立学习榜样专题、传统节日学习专题、党性知识学习专栏等。

（6）要求学生有自己的学习目标和共同的班级目标。让学生每天到教室先看一遍个人学习目标和班级目标，时刻以目标激励自己。

（7）常与学生谈心。对于学习好的学生，我常鼓励他们更上一层楼，并关注他们其他方面的发展；对于成绩一般的学生，我鼓励他们慢慢进步；而对于学困生，我要求他们在端正学习态度的基础上努力向前。

（8）加强与家长的交流和沟通。对于有进步的学生，与他们家长交流，对孩子进行表扬，并要求他们继续配合学校的工作；而对于表现较差的学生，必要的时候要求家长共同教育和管理好孩子。

（9）班级文化以"严谨""有思想"为主导，努力创建精英团体的工作氛围。"严谨"是班级文化的精髓，应渗透到班级工作的方方面面。班主任、班委应以身作则，为全班同学做良好示范，对待工作不分大小，保持严谨的态度，认真负责地完成。但是严谨不代表班级就应该缺乏创意和活跃的气氛。班级建设尽可能在完成学校各项工作的前提下积极活跃起来，发挥全班的创新意识和参与活动的热情。

（10）培养班级友谊文化，区别于家庭文化。班级文化"严谨""有思想"的特色是不能改变的，在基础之上，我们会培养不同班级、不同学校之间的友谊文化，给予同学们发挥特长、发挥创意的最大空间，促进班级同学互相合作、互相竞争、互相学习。

以上是我对这几年班主任工作的总结与回顾。当然，我在管理班级的过程中还存在着不足，还有许多东西需要去学习。我会不断提高自我、突破自我，继续为教育事业奋斗终生。

班主任说

山东省青岛第一中学　曾雪娜

一、追求卓越，关注日常学习细节

请一定要精益求精，追求卓越。老师们每天都在牵挂学生的两件事：一是健康，二是学习。天气凉，多穿点。想想办法，保护视力。

心有高远志，稳修硕果来。高中，得稳下心来。拿疫情期间的学习举例，别人宅家是为了生命，而你宅家还肩负着使命。网课学习挑战很大，不出所料，学习成果两极分化严重，而你们没输，是好样的。分化，表面上是疫情造成的，实质上是自主学习的差异造成的。

有件事非常开心，这周的总结中，大家对预习的关注度都提高了，这说明你们的状态一定不差。因为一个今天都过得焦头烂额的人，是不会去安排明天的。越来越多的同学开始进入更高的层次——自己"学会"，不再只是"听视频感觉会了"。自己悟出来的东西才是你的看家本领，能闭上眼睛给自己讲明白或者教会别人的知识点，是完全属于你自己的。

你吃不下学习的苦，将来就得吃生活的苦。一个是自愿去吃，一个是被迫去吃，但被迫去吃苦的滋味一定更难受。

1.思想上转变，主动出击

高考不是多么遥远的事情，不论你是否意识到，不论你在不在学习状态，高考都在悄悄地逼近你。懂得主动学习的人，更懂得自己需要什么，自己欠缺什么，所以相对来说，他们的进步速度会大大优于只是被动接受的人。"真正成功的人，从不为失败找借口，只为成功找方法。"我很欣慰，周日回到学校后，大部分人能够沉下心来，完成自己的安排。

2. 加强执行力

"被动"和"主动"的分界线就在于——思考。思考只是在脑海中进行，而执行才是你真正的行动。简单地说，思考决定了你的方向，而执行力才能让你真正实现目标。如何有效执行？制作详细的时间表，这个时间表不要一次性写下来就完全确定，可以通过几天的实践，做两到三次小幅度的更改，直到最符合自己实际就可以确定下来，不要再变动。

3. 目标数据化

不要拿一些概念性的东西忽悠自己，自欺欺人。比如说"今天下午认真背单词"这样的目标是无效的，"认真"是无法量化的一个词，怎么样算是"认真"？你自己都说不清楚。改为"今天下午2：30—4：30，背50个单词，达到中英文自由转换"这样一个可量化的目标是有用的，时间、事情、程度，三个维度，清清楚楚，不过关就不放过自己，这样才是真正的自律，效率才会明显提升。

记住，书不离手，入班即静，入座即学。开始基调很重要，要对放纵说不。有人百战不殆，有人止步不前，要做前者。

二、克服倦怠期，互相鼓励

英才成就英才，英才塑造英才。

不论你的生活志向是什么，我敢肯定你必须上学读书才能实现它。你不能指望辍学后能碰上个好工作。你必须接受培训，为之努力，为之学习。这并非只对你个人的人生和未来意义重大，可以毫不夸大地说，教育将决定这个国家的未来。

同学们，英才塑造英才前面还有一句，英才成就英才。你们成就英才班的辉煌，英才班会还你们卓越的未来。团队作战很重要，单兵作战走不远，要有集体荣誉感，相信老师，热爱班级，维护学校。

细节决定成败，以小见大，能做好每一件小事的人，一定能过好自己的人生。我想跟你们聊聊几个细节。

1. 早读

让我欣慰的是，很多同学晚上孜孜不倦，也有不少同学主动早起读书。百炼成钢，高中就是要锤炼心性、磨炼意志。

关于早读，首先想告诉大家两句话：第一，不要在吃苦的年纪总想着提前享受优哉的人生。第二，不要把学习当作接受老师或家人安排的任务，试一试更严格地要求自己。我一直觉得，当一个人对自己要求很严格，他的世界的规则就会变得轻松。一日之计在于晨，希望今天，有更多人尝到其中的甜头。

我们该怎么做呢？一方面，利用早读，培养语感，对英语、语文两科语言的感觉，包含着兴趣、主动思考、发现规律等重要素养。能读得进去，才能深入思考。早晨是头脑最为清晰的时段，理解效果最好，要读到心里去啊！另一方面，利用早读，建立知识架构。对于化学、生物两科，读一读别有洞天。早读还具有调动大脑积极性的作用，如果你的早读紧张、高效而且能持续坚持，必能让精神振奋、状态良好，为接下来上课做好准备。

2. 手机

我想告诉大家：刻苦学习进步很难，因为这是一条上坡路；懒惰玩手机放纵很简单，因为这是一条下坡路。方向错了，离山顶也就越来越远了。三天打鱼、两天晒网的人，只能在半山腰徘徊，受碌碌无为的苦。而跻身努力登顶的队伍里，你会发现一刻也不容放松，这里很苦，但路上偶尔看到的新的风景将成为你不断激励自己的甜。看到新风景也不要沾沾自喜停下来休息，大家走不同的路登顶，有的人的路好走，有的人的路难走，但在你身边，在你看不见的山那边，总有人正在加速前行。在你的身后，也一定会有人奋起直追。所以，心无旁骛，走好自己的每一步，勇往直前吧！

周末不要熬夜玩手机。分享一句话给大家：好运不是天生的，所谓的一鸣惊人，都有十足的努力和付出来支撑。不幸的人或许各有不同，但好运的人，却有千篇一律的上进心和执行力。

3. 作业

为什么有些同学每天早早就写完了作业开始预习复习，而个别同学经常按时交作业都感到困难？差距主要在于：一是碎片时间利用；二是早起能做许多事；三是计划在前，先动脑后行动；四是享受走在计划前面的成就感；五是让限时训练板上钉钉，一分钟也不能拖沓，训练思维敏捷性；六是晚上、中午要休息大脑，不能放纵娱乐；七是做一个听话的人，把老师说的话牢记于心；八是细节决定成败，恒心不能只是说说而已。

如果出现了问题怎么办呢？无论大事小事，做不到、做不好一定是有理由的，但背后一定也是存在问题的，大家不要忽视，不要觉得我就是这样的，要愿意正视、反思自己的差距。无论大事小事，做好了，做得出色了，一定是用心了、付出了努力的，希望能坚持！要把握好自己的前途命运，希望大家前程似锦。

三、前面使劲冲，后面就不会沉下去

正在争分夺秒的同学们，你们辛苦了！要继续艰苦奋斗！

我跟各科老师交流后想告诉大家：第一，你们的优秀表现很多；第二，平时提到的你们每个人的美中不足之处是必须关注并认真修正的，并不是随便说说而已。希望你们扬长补短，铭记于心。

要把脉高一，成就理想的自己。

我想对你们说：善于学习的人，珍惜老师的指导，把每一次练习和作业当作提升的好机会，练一次，进步一点。在做各科作业过程中，答案解析和网络资源是把双刃剑，要会用，但不要依赖它。总之，不要辜负了来之不易的练习机会，按照适合自己的方式来，不自欺欺人就好。

班里同学们的心态都不掉队，想到这里就让人欣慰！

我还想对你们说：要做就做最好的，要暴发就趁现在，不要让自己的远大目标和昂扬斗志总是停下来等那个想歇歇脚的自己，不要做"差不多"先生。

你们都有潜力，都有志气，都有成熟的想法，却不是所有人都已经拼尽全力了。希望你们不要经历这三件事：留余力又心慌慌，安慰自己还有时间但玩完又有点惆怅，安慰家长心里有谱却有点心虚。

我们像是一艘船上的"战友"，有一个人心不齐，大家也就都走不远。前面的使劲冲，后面的就不会沉下去。每一个人都很重要，不要往回游，要并肩向前走。

新班级组建101天，我们满腔热血，斗志昂扬。但是，新鲜感褪去，偶尔会受挫，是否还能初心不改？自我定位模糊，"走一步看一步"，没有自己的节奏，就容易渐渐迷失。

英才们，要保住向上浮的势头，请按照自身特点定更高的奋斗目标，敢想敢为。

择一路启航，共乘风破浪，规划设定方向，落实决定未来。在有了目标后，要有连续性的、具体可行的措施，每天完成一点点。不然，一切都只是纸上谈兵。

四、有独立见解是卓越之人必备的素质

学生需要有精神的导师。学生求学，除了渴求获得知识、能力，也需要有精神向往与寄托，需要有人生"标杆"式的人物在身边。这个"标杆"可以是历史名人、文学作品中的人物形象、媒体宣传的英模人物，但更有力量的是：这个人就是学养高的老师，或是有榜样作用、有感召力的同学。

在学生心中，老师们是真诚可靠的，像自己背后的一座大山；是坚定有力的，是能将他从低谷拉出来的人；是富有经验、能在自己困惑的时候指点迷津的人。最重要的是，老师们是爱他们的，可以依赖；老师们是专业的，一定要信赖。

亲爱的学生们，有独立见解是卓越之人必备的素质，但我们要的是质疑而不是乱问。

学生敢于表达自己的观点，我会第一时间欣赏、肯定，然后再去讨论这个问题的价值，引导学生不但能敏锐地发现问题，而且还要连同提出自己对问题的见解。这可以激发学生的理科思维和探讨问题的兴趣。

但后来我在质量分析会上得知，个别学生在课堂上依然不经思考地问问题，闹出一些笑话。我请这样的学生列出近期提问过的10个问题并思考：哪些是明知故问的？哪些是大而不当的？哪些是可以记录下来与同学交流解决的？哪些是通过阅读教材、笔记就能解决的？哪些是"疙瘩"了很久却迟迟没有问的？如果老师只能回答你三个问题，你想问哪三个？如果只能让你提问一个问题，哪一个是非问不可的？有些问题在自检过程中他们自己就能解决。我告诉学生：第一，提问前要先思考。第二，该问的赶紧去问，不要"久积成疾"。第三，每天晚上给你最想攻克的弱科15分钟，也许一周，也许一个月，一定能有所进益；也给你热爱的学科每天15分钟，是奖励自己，也是保持精进，创造优势。

五、蜕变还是颓变？创造一个好的开始

亲爱的"战士"们，你们准备好上"战场"了吗？在家不吃苦，开学心里苦。与你们说几句心里话。

疫情过后，开学在即，必然是几家欢喜几家愁，但过去的成绩不能定义未来的你。

开学要想打出士气，返校前必先练出底气。放假至今，你们是忙于在别人荒废的时间里崭露头角，还是处于超长待机的放空状态？是在有计划地弯道超车走向蜕变，还是在内心挣扎中几近放弃？疫情后回校成绩排名可能大洗牌，攻坚战第一步就是调整好开学前的状态，占领高地，不乱阵脚，让自己有一个好的开始。

第一，步步为先。开学成绩好，大战赢一半，从此不用再畏难。开学前的学习，从课本到辅导书，难题一概不要，专注于读通逻辑、弄懂基础，落实基础与中等练习题，保证高正确率。慢半拍可以早半拍学，慢一拍可以早

一拍学，有天赋的人更要一马当先、冲锋陷阵。

第二，一招制敌。人有一长，必有一短。你可能擅长理科但文科薄弱，你可能数学很好但物理、化学没底儿，都要正视。长处继续发挥，短处靠策略攻克，正确的策略是可以弥补认知能力不足和基础不牢缺陷的。绝大多数时候，不是你的能力不行，而是没有采取针对痛点、盲点的学习策略。避重就轻，跟风盲从，别人干什么你就干什么，别人去辅导班求安心你就一起，定然不会有所突破，这都是大忌。例如，走马观花式学习，报了班、上了课，求了个心安理得，只有形式，没有深度，没有落实，只混混沌沌而已。再例如，父母一让你去学习，就开始背单词、背课文，到哪儿算哪儿，每天从abandon开始读起，最后真的放弃，应付自己。一定要做点跟过去不一样的事情，才会有跟过去不一样的结果。

第三，秣马厉兵。学习是脑力劳动，更是体力劳动，体力决定精力，精力决定战斗力，战斗力决定有效成绩。玩和学是没有大矛盾的，但熬夜透支去玩和"真学习"是矛盾的，除非你是铁打的。一个昏昏欲睡的人空有一腔热血但无法具有战斗力，即使坐在书桌前或许也是假努力，感动自己的透支学习法不太可取。学的时候全力以赴，玩的时候痛快淋漓。完成计划再玩，没有负担，无忧无虑。

第四，高屋建瓴。书到读时方恨少，工具书籍早备好。时间有限的情况下，自己通读领悟全书比被动地听别人讲一节要有效。琢磨今年的高考卷结构要比在家对着庞大的知识体系心慌要好。你会发现，现在的你什么也不会也可以理直气壮、饶有兴致，到了该会的时候突然发现什么也不会才会乱了阵脚、心里发慌。来学校读书的目的之一就是把你不会的知识变成会的，你得知道什么是你不会的。

第五，未雨绸缪。一旦行差踏错，你可能就会面临考验，要有抗压能力，要提前规避风险。注意在家和在校学习方法的转换；接受成绩不理想产生的落差；避免过度自信。若开学散漫，考试成绩会一落千丈，女生低落失意，男孩失去锐气，迎头赶上难。假期里有更多时间按照自己的规划和目标学习。根据以往的成绩，你应该对自己的能力、理解、认知、兴趣有所判断。书中自有黄金屋，力卷读破妙笔生，要多思考，分层次，有重点，有斗志。首先，要从思想上转变，主动出击。不论你在不在状态，高考都客观存在。主动进取的人进步速度会大大优于只是被动接受的人。真正成功的人从不为失败找借口，只为成功找方法。其次，要加强执行力。思考决定了你的方向，而执行力才能让你真正走向它，制作详细的时间表非常有益。再次，要目标数据化，不要做假、大、空的计划自欺欺人。

六、万象更新时，做四道吐故纳新的加减法

2021年，万象更新，蒸蒸日上，让我们在开学之际吐故纳新，一起做做减法和加法，找到更昂扬的状态吧。

第一，减去娇气，树立正气。返校第一步，先问自己：能否独立照顾好自己的身体？如果你身上还或多或少地留有些许"娇"气，那么就趁现在扫除它们吧：把重视礼仪、保持仪容仪表、整理宿舍、打理床铺、收拾书案、打扫卫生这些每日的生活细节做到极致，计划好规律的新学期作息起居。新学期，祝你们成为阳光正气、品行高尚的人。

第二，减去俗气，增长志气。返校第二步，再问自己：风雨兼程，为何而来？读书的目的在于磨炼核心素养与心志，最终使自己成为能够担当时代使命之英才。书不是为老师和家长而读，更不能局限于知识与技能。新学期，期盼你们从时代使命与社会责任的层面去重新认识长大一岁的自己，不用扬鞭自奋蹄。

第三，减去躁气，苦下力气。返校第三步，鞭策自己：能不能静下心来，扎实投入？学习给你第一感觉未必是快乐，艰辛与苦涩往往是必经的阶段，不必急于求成，但必须脚踏实地去努力，切勿因浮躁而忽略了积少成多对你的重要影响。有的人只想着一飞冲天，终于有一天，身边的人都有了可观的收获，才发现自己已经落后了很远。期盼你们明白厚积薄发的重要，因为成绩的差异多在于课堂效率和课后努力，每高效地利用一段时间就是在不断为自己增加筹码，直到成功的来临。

第四，减去傲气，敢拼才气。返校第四步，鼓励自己：新学期又是大洗牌，你愿不愿冲向最前？成绩、荣誉和光环属于过去，期盼你们做好重新再来、再接再厉的心理准备，凝心聚力，抱团前行，迎接新的挑战。

如果可以送你们一份新年礼物，我希望给你们超级勤奋、无敌自信、高度热忱、速度执行、自律自控和突破精神。弟子若有鲲鹏志，师者愿做六月息，抟扶摇兮化羊角，送君直上九万里。最后，转引一首《芭蕉》诗与大家共勉："芭蕉心尽展新枝，新卷新心暗已随。愿学新心养新德，旋随新叶起新知。"吐故纳新，就是觅心、明心、定心的过程。

七、学习之外，我们谈谈修身

一天上午，预备铃响完，三个学生拎着刚买的一大袋子零食往教室里冲时，被我堵在了门口。基于此我给同学们开了个小班会，希望不要带起吃零食的风气。

校园是一个修身之地，精、气、神和自制力是相关的，必须要有好的精神风貌才能成大事。偶尔想吃了，你需要问问自己以下几点：这个时间应不应该去买？什么时候坚决不可以吃？父母看到消费记录知道自己经常吃小卖部会担心吗？是否可以把握好"度"，对自己的健康负责？你制造的零食垃圾能处理好吗？你有没有影响到他人？

吃零食本身没有错，关键要有合适的时间和地点，想明白以上几件事再吃。还是那句话：想好，某时某地做某事。

当理想成为现实

山东省青岛第五十八中学　王麦斌

　　从事教师这一职业以来，我就在心中坚定了一个信念，要"学为人师，行为世范"。我想这不仅仅是一个口号，更是一种态度，一种时时处处以身作则的态度，提醒自己要树立良好的形象，提高自身道德修养，做一名真正合格的青年教师。

　　师德是教师工作的精髓，可以用"师爱为魂，学高为师，身正为范"概括其内涵。

　　师爱为魂，爱是师德的核心。作为教师，我们首先要懂得爱自己的学生，这份爱是多方面的，不仅仅是从学习上，还要从思想、生活等方方面面爱学生，才能爱教育事业，才能做好教育事业；也只有爱学生，才能理解学生，尊重学生。当然，这种爱也不是指要一再地容忍、放任。对于学生，严格也是一种爱，应严而有度，严格要求是为了学生能够有一个更好的未来。教师热爱学生有助于学生良好品格的培养；有利于创造活泼、生动的学习氛围，使学生保持良好的学习状态。教师要用师爱的温情去融化学生"心中的坚冰"，真正走进他们的心灵。

　　身正为范。教师的师德、师风直接影响着学生们的世界观、人生观、价值观的形成。率先垂范就是对学生真正地负责，就是进行潜移默化、影响深远的教育。青年教师大多接受过高等教育，有些甚至从海外留学归来，接受新的思想，拥有较高的道德素质，这对于国家教育质量以及学生素质的提高有很大的帮助。教育家胡昭广先生曾经说过："教师是一种精神。老师在我们心中留下的是对我们灵魂的塑造、品德的塑造，他们的灵魂，他们的思想，是深深扎在我们心中的。"

大学的时候，我曾有幸作为学生代表到山阳中学与全国教书育人模范、陕西省特级教师、商洛市基础教育科研专家、国家级骨干教师培训教师仰孝升进行座谈交流。仰老师精彩的讲话给了我靠近优秀、学习先进、争做优秀、扎根基层的决心。我被他那种崇高的人生追求、高尚的师德情操、忘我的工作热情、无私的奉献精神深深地感染和鼓舞。他的先进事迹和对待工作的态度让我找到了教师之间的差距，为我步入教师岗位指明了前进的方向。

仰老师的教书之路曲折而艰辛、丰富而精彩。他在教书育人方面有高招儿、有妙计，形成了独特的教育教学风格，他身上有太多值得我学习的地方。为人师者，要肩负"传道，授业，解惑"的重任，为了学生的锦绣前程，为了家长们望子成龙、望女成凤的期盼，为了对得起自己的良知，带着我们的责任"到中流击水，浪遏飞舟"，去体味人生，即使"不一定能使你的前程灯火般辉煌"，但我想一定会收获一份厚重的人生礼物！

现在我的教育环境与仰老师可能迥然不同，但我可以与他坚守同一种精神、同一种信念、同一种态度和同一种操守，那就是甘于寂寞、甘于奉献、甘于钻研和甘做人梯。在以后的工作生活中，我会在这些先进事迹的启迪和鼓舞下，树立正确荣辱观，努力增强"学高为师，身正为范，教书育人"的教师使命感，不断强化成为一名教师应具有的责任心。

教师是学生心目中的榜样，教师的言行在学生心目中有着很重要的位置，甚至会影响他们的一生。正人先"正己"，"正己"是师德的基础，不能"正己"，也就不可能有教师的垂范。"学为人师，行为世范"，寥寥几字看似简单，实则蕴含非常深刻的道理。当理想成为现实时，我们应时刻牢记自己的责任和使命，学会担当，从自己做起，以身作则，把自己全部的爱献给学生，做一名合格的人民教师。

多做　善思　好学

山东省青岛第五十八中学　王麦斌

五年前，我青涩懵懂地踏上工作岗位；五年间，感谢同事的帮助，感谢领导的关爱指导，感谢学校的信任培养，自己在学校高标准、严要求的大平台下迅速成长。

一、靠"多做"筑基，收获藏在努力里

回望身边的榜样，他们始终坚守在教学、班级管理前线，他们扎扎实实，课本上满是标识和批注，试卷上满是详解和拓展；他们兢兢业业，早上六点多教室里就有他们的身影，深夜时办公室里还有未灭的灯光。回望学校的发展，成绩的背后是老师们在燃烧青春，共同努力。所以，在这种拼搏奋进的大环境下，我们理应努力。

工作中没有多少捷径，唯有踏踏实实地努力。对于经验尚浅的我们来说，要想发现班级问题，需要勤劳地靠班；要想学生刻苦勤奋，需要先以身作则；要想兼顾班主任和教学，需要利用好每天晚上睡觉前和周末的时间。昨天下午教师节表彰的时候听了榜样们的分享，我明白了事情需要自己先全力以赴，才能追求结果的完美。所以，在肩负学生未来但经验不足的情况下，我们更应努力，当下的努力定会在未来闪闪发光。

二、以"好学"前行，虚心向前辈求教

首先，听课是提高自身教学能力的一个好方法，从学校层面到教师层面，教师们的课堂永远对我们青年教师开放，所以一定要利用好机会。我们的师傅们都是在教坛上多年耕耘、经验丰富的教师，拥有精湛的教育理念和专业的教学水平，并形成了自己独特、鲜明的教学风格。可以说，我们的每一位师傅都是一本充实、详尽的书，都是一条源远流长的河，有许多值得我们学习与借鉴的地方。因此我们一定要多听课学习，虚心请教教学和班级管理方法，真心诚意地接受师傅们的指导和督促，发扬其爱岗敬业的精神，学习其严谨治学的教风。我工作的前三年，由于自身对于课堂把控和教学重难点的掌握都存在漏洞，所以备完每节课后我都会再去听两位不同的老师上这堂课，听完之后再进行二次备课，这样我才敢走进教室站上讲台。哪怕经过了一轮高三，这两年在教学过程中我依旧会先备课、后听课，再二次备课。我们也要尝试听不同科目和不同老师的课，尤其是青年教师汇报课、骨干教师展示课和优秀教师比赛课，不同学科的教学也会教会我们许多不同的教学方法和技巧。

其次，要虚心向身边的每位同事学习，虚心求教。比如担任班主任过程中跟家长和学生相处出现问题，要及时求助于自己的班主任师傅，教学过程中遇到困难也要及时求助于其他教师。

再次，要积极参加各种研修、讲座和学习。学校会通过邀请校外专家举办讲座和校内教师论坛的方式帮助老师们学习，只要我们认真地听和思考，都可以学到行之有效的教学理论和方法。

最后，利用好网络资源。网上的教学资源很丰富，有课件，有优秀教案、优秀教学设计，还有很多视频教学实录，这些我们都可以借鉴、参考、学习。我们学校会给大家开通许多教育网站的会员，大家平时可以多登陆看一下。

三、用实践提升，多尝试打破"瓶颈"

能力的提高离不开实践，教师的能力既要在学习中提高，也要在实践中锻炼。作为教师，教学和教育活动就是其最基本的实践活动，在这个过程中我们除了要勤奋、充满热情、积极备课、认真上课之外，最重要的是要及时反思和总结经验、教训。每堂课后认真写好教学反思，不仅仅是五十八中教师的日常规范，更是我们年轻教师成长的扎实途径。

同时，还要珍惜参加各类比赛的机会。我们学校每年都有青年教师基本功比赛，这个比赛既是对我们教学能力和水平的检验，也是促进我们快速成长的方式。青岛市教育局的青年教师基本功比赛、一师一优课也都是我们容易获得参与机会的比赛，一定要好好珍惜、认真准备。比赛的过程就是一个磨砺的过程，通过一次次的汇报课比赛、基本功比赛，我们的教育教学能力会得到很大的提升。

四、坚持不懈，争做优秀的老师

当你做一件事是真正替学生考虑的时候，你就大胆去做；我们做的工作哪怕对少数学生甚至只对一位学生起到了作用，那我们的工作也是有价值的。

作为青年教师，我们要时刻向周围的榜样学习，学习他们的担当奉献，学习他们的团结协作，以他们为榜样，刻苦钻研教材教法，虚心研究班级管理，上好每一堂课，对每一位学生负责，在学校开启一校三地办学的新格局下，不辜负领导们的希望与厚爱，不辜负学校的培养与期待，向上成长，不负所望！

给准高三学生的一封信

青岛西海岸新区胶南第一高级中学　姚晓昕

准高三的同学们，经过一轮复习，相信你们已经感受到学习时间的宝贵和学习节奏的紧张。这个短暂的假期于你们而言正是自主学习的黄金时期。现在，请做好你们当下最重要的事情：认真复习，补弱拓展，为人生的参天大树厚植茂密的根系，为民族的复兴筑牢希望的根基。作为你们奋斗路上的同行人，我想和你们分享以下几点。

第一，以"乐为"之心与时间赛跑，做好计划与落实。"乐为"是一种状态，乐意而为、快乐而为、乐观而为。希望你们珍惜宝贵的时间，把时间计算单位从天调整到小时，把学习计划从小时精确到分钟。更科学地规划，会让你抢在时间前面，占得先机；更有效地落实，会帮助你们把每一分、每一秒都发挥出最大的价值。

第二，以"敢为"之心向自己挑战，严守慎独之底线。"敢为"是一种境界，敢于向自己的问题亮剑。"慎独"是一种修养，独处且无人监督之时，要更严格地约束自己。所有优秀者的背后，都是不一般的自律。失败者缺的不是目标，不是计划，而是"口言之，身必行之"的自律。希望你们能够把自律渗透到血液和骨髓，不放任、不消沉，强化自我控制，管理好情绪、心态、时间，用意志锻造自律，用自律滋养人生，收获受益一生的习惯。

第三，以"有为"之心与梦想同行，不达目的不罢休。"有为"是一种行动，是一种值得称道的行为。在实现梦想的路上，没有什么捷径可走，希望你们携上梦想，带上微笑，凭着"不达目的不罢休"的韧劲儿，脚踏实地，一步一个脚印地向成功启航。

青春因磨砺而出彩，人生因奋斗而升华。期待大家以"乐为、敢为、有为"之心打造精彩暑假，铸造多彩人生。

更新教育理念——基于正面管教的一些尝试

山东省青岛第六十七中学　刘洋

随着社会的进步，新时代青少年身上的自由、个性意识都越来越明显，教育的方式方法也需要随之更新。在接触到美国教育家简·尼尔森的"正面管教"理论后，我也对自己的教育管理工作进行了反思，在这里和大家分享，希望能在此基础上继续探索。

一、这是一个怎样的学生

小米（化名）同学是我目前已经带了一年的学生，他是在高二分班后来到了我带的班级。因为之前从没听说过他的名字。所以一开始我并没有对他过多关注。但是过了一段时间，小米同学的问题就浮出水面了：逃课、谈恋爱、顶撞老师、扰乱课堂纪律等。每次对小米的违纪情况进行处理的时候，小米总是很不服气，歪道理一堆，总是不愿意承认自己的问题。经过一年的相处，小米现在已经在行为习惯上有了很大的进步，而且认错态度也有了改善，我认为主要基于"正面管教"的尝试和探索。

二、问启发式的问题

当违纪行为发生时，作为班主任，我能够一针见血地指出小米身上的问题所在，并进行批评教育。这是我处理小米违纪行为时的一贯做法，我认为首先要树立一个严厉的形象，让他以后不敢再犯。但其实这个方式并不适合小米，同时也是"说教"的典型表现。而小米在面对厉声呵斥时，更不愿意承认错误，反而去歪曲事实，进行顶撞。后来，为了让小米能够反思自己的问题，我改变了"说教"的方式，尝试去问一些启发式的问题，比如："你觉得造成你逃课的主观原因是什么？""对于顶撞老师，如果你是老师，你会有什么感觉和想法？""你觉得对于造成的后果，我们有没有方法去弥补呢？"这样的一些问题，不仅会让小米反思自己的问题，还能促进问题的解决。这一方法奏效的根本原因是停止了以说教的方式批评学生的行为问题，而是使学生参与进来，自己进行思考。同时，简·尼尔森还强调，你问的启发式问题要发自你的内心，让你的智慧知道你该如何走进孩子的内心世界，并且要表达出你的同情和接纳。

三、有限制的选择

斯坦福大学从2016年开始进行的一项关于教师与尊重的研究发现：来自教师的尊重是学生产生学校归属感的最重要的来源；学生越感觉到教师对他们的尊重，就会越喜欢学习；教师越信任学生，他们的违纪行为就越少。"正面管教"理论也强调了尊重对于学生管教的积极效果。

"正面管教"与"严厉型管教"的最大区别在于，"正面管教"能够让学生感受到一定程度的尊重和自由。当他们感觉自己受到尊重的时候，我想学生也会用尊重的方式去回应你。而给予他们尊重的一个有效方式就是给学生有限制的选择，这样，既达到了老师的管教目的，也让学生更甘心去做自己选择的事情。比如小米在违纪之后，我往往会给小米两到三个选择，看他愿意用哪种方式去弥补自己的过错。当然，学生都会努力地在仅有的选择中衡量哪个更轻松，最后选出他认为更轻松的选项。其实这也是"套路"之一，他选择的，往往是我为他设定的最佳选择。因为我还会设置相比更加复杂的选择，那些并不是我的最终目的，我只是想在这样的选择衡量中，一方面让学生感觉到拥有选择权的尊重，另一方面让学生去做一些努力弥补过错，同时也更心甘情愿地为这份"更轻松"的选择去努力。

紧接着，让学生参与到设立限制中来，这是"正面管教"的下一步操作。为了防止违纪行为的再次发生，也算是未雨绸缪，我在处理时间结束一段时间后，还会与小米进行沟通交流，问一下他现在的感受和以后的想法。同时，一起制定下一次如果表现良好或者违纪，会有什么样的奖惩措施。这个过程是很重要的，小米在自己参与制定限制后，往往会更注意自己的言行举止。高度尊重学生，这也是生本教育的核心理念之一。

四、帮助学生体验到归属感和自我价值感

小米有一个习惯，总喜欢躲着老师，见到老师拔腿就跑，以至于有一次一位不太熟悉他的值班老师，看到"狂奔"的小米，追了进来，以为他犯了什么错要闪人。而经查证，小米并没有做什么违纪的事情。当事后我问小米为什么要跑时，小米只好说出了自己的想法："从小到大看到老师就像看到警察一样，总感觉他们要来抓我。"听了这个回答我哭笑不得，耐心回应："估计你是以前违纪太多了，被老师抓怕了吧！可是你现在已经表现很好了，又没犯什么错，你应该改变这种想法和态度，要有自信，你没有言行过失，老师不会去'抓你'的！"但后来我在反思时意识到，小米的反应，来源于内心归属感和价值观的缺失。因此我经常创造一些机会，让小米参与到班级建设中来，比如在违纪或表现不好时，我会以上面提到的启发式问题，让小米想办法做出弥补，为班级或者老师做一些事情。在某一方面做得好时，我就在全班同学面前表扬他，之后小米在这方面会做得更努力。

当然"正面管教"还有很多其他的实施途径，需要在实践中探索、总结。

唤醒鸿鹄之志　点燃奋斗激情

青岛西海岸新区胶南第一高级中学　姚晓昕

人的一生只有一次青春。现在，青春是用来奋斗的；将来，青春是用来回忆的。身为教师，我们要成为有理想信念、有道德情操、有扎实学识、有仁爱之心的"四有"好老师。

2011年是我参加工作的第四年，也是担任班主任的第四年。在这四年里，我遇见了许许多多的学生，我们的生命得以共鸣、互相成就。在与学生相互激励、共同进步的奋斗时光中，打造学习一流、常规一流的"双一流"班级，营造自主、竞争、健康、互助的学习氛围，是我一以贯之的带班理念。教育不是灌输，而是点燃火焰。因此，传递温暖的互助、点燃奋斗的激情是我们一路前行的秘诀。

"千教万教，教人求真"，这是陶行知先生对老师们的谆谆教诲。高三是场逐梦之行，在这场没有硝烟的"战争"中，需要坚定的目标提供持续的动力。于是在复学的第一天，我就让学生写下心仪的大学，我来为他们查找往年高考录取分数线。我还做了书签送给他们，书签上面有他们各自理想大学的校徽、名称，以及学生姓名和他们的铮铮誓言。学生们把书签放在课桌目所能及的地方，从此梦想不再是藏在心里的秘密，而是激励自己的最好的心灵鸡汤。为了让学生进一步触碰梦想，我还从网上寻找了"双一流"高校的宣传片。到目前为止，班上所有的学生都已经看过了自己理想大学的宣传片，我相信在他们心里已经编织起自己的大学梦。

"捧着一颗心来，不带半根草去"，这诠释了陶行知先生无私奉献和敬业的一生。学生们不是冷血动物，他们会感受到老师们的辛苦。作为班主任，我每天早上5：50会到教室了解学生小早读的状态，将学生的小早读状态拍成视频发给家长，并附上一句激励的话作为一天的期待。坚持就是最好的努力，在学生们辛苦备考的过程中，我愿同他们并肩作战。仍记得学生给我的信里写道："我知道一直以来我都是个事儿多的学生，但我庆幸遇到了一个管得多的老师。依旧是那个拂晓之际匆匆而来的身影，依旧是无数次的反复叮嘱，依旧是那个鼓励我们为大学而努力奔跑的您。"看到学生这样暖心的话，我感觉自己的付出都是值得的。

"出世便是破蒙，进棺材才算毕业"，陶行知先生告诫我们学无止境。以己昏昏，岂能使人昭昭。作为一名新教师，真的很想尽快让学生喜欢上我的课，学校"我最喜欢的一堂课"的评选活动特别好，让我清楚地认识到自己与优秀老师之间的差距，并为此不断努力。到了高三，自己肩上的担子更重了。每天听课、备课、上课占据了我的大部分时间，非常感谢组内老师给我提供的巨大帮助。不管何时何地，我都不会将自己的专业课抛下，我想这是因为上课会让我感到心情愉悦。

"爱满天下"是陶行知先生毕生追求的教育真谛。热爱学生并发现学生身上的闪光点是我愿意去做的。每周班会上，我们会评选出上周的学习标兵，由同学们为他们书写颁奖词。这一活动拉近了学生之间的距离，增加了学生之间的友谊，提高了班级凝聚力，也提高了学生的积极性和学习效率。优胜个人、优胜团队的评选活动，也在如火如荼地进行。这样的评选活动使高三大大小小的考试变得有所期待。

孩子是父母青春的延续，学生也是我们教师梦想的延续。无论时光如何侵蚀我们的面孔，我坚信，每个人心中的青春草原不会荒芜。距离2021年高考还有153天，我定会竭尽全力，不辜负学生的梦想，不辜负家庭的期望，不辜负学校的信任，陪伴学生，带领他们一往无前地走下去。

科技创新助力学生个性发展

山东省青岛第二中学分校　黄艳丽

　　个性化教育是未来教育发展的趋势，是区别于单一的教学模式所提出的具有差异化的教学方式。要充分地尊重学生们的选择权并关注学生的个性差异，根据其个性特点、兴趣、爱好，坚持"以人为本"的教育理念，对不同的学生做出不同的指导，培养全面发展的高素质型人才。

　　随着科技的日益发展，创造性思维越来越受到人们的重视。科学的本质在于创新，科学活动本质上也就是创新活动。自2013年至今我有幸多次参与到国家、省、市级的创新比赛活动中，曾作为领队带领数十位学生参加了世界头脑奥林匹克创新大赛中国区决赛。

　　世界头脑奥林匹克创新大赛是一项国际性的培养青少年创造力的实践活动，注重培养学生的创新思维品质和发散思维能力，从学生自身的实际出发，使其体验过程的乐趣，鼓励学生创造性地对问题进行思考和探究，充分地挖掘个人创造力，培养大家的合作精神。

　　在决赛中，我分别参与指导了两组队员的"古怪与正常"和"宠物计划"两道长期题的比赛。令人欣慰的是，被选中的学生都非常认真，家长们也很支持，保证了我们在寒假中全身心地投入强化训练与参赛作品的制作中。

　　比赛题型分为长期题和即兴题。长期题比赛需要学生按照各个题目要求，制作出解题大纲，动手制作道具并撰写剧本，合作表演完成任务。譬如"古怪与正常"一题需要参赛队员在老师的指导下根据题目的各项要求进行一个原创幽默剧的表演，在表演中还需要自己设计和制作道具，协作完成表演。本题的创造性重点在于表演以及创造性场景的变化。在剧本创作中，师生们充分地发挥了各自的想象力，后期更是反复推敲润色，几易其稿，使其更富戏剧性、幽默感与科幻色彩，最终设计出一个关于病毒与人和谐相处的故事。同时，大家在服装造型、场景变化、道具制作等方面也是多加斟酌与研究，参赛的六位队员和指导教师们更是每天利用一切时间进行排练和制作道具，也都凸显了节俭、环保的主题。我们搜集了平日生活中的环保袋、废旧材料制作表演服，如用黑色垃圾袋做防毒服、纸壳做戏帽、窗帘变戏服，白色的塑料绳被一节节裁剪下来，用绳扎起来再用胶定型当发套等；我们还用树枝、塑料吸管、废旧纸盒等材料制作立体的队籍标志。在场景变化中，我们先是根据剧本的内容进行了设计创作，在画了四幅小图彩色样稿的基础上，进行了多次造型色彩修改，定稿后，学生们在画布上起形、上色，直至完成。表演训练中，学生们反复演练，不断地熟悉台词，加强肢体语言、感情色彩，尽可能地在各方面都做到精益求精。

"宠物计划"一题要求设计、制作并操作三辆从不同区域出发的小车，小车要通过障碍完成零件的运送，这些零件用来装配一个宠物。本问题的创造性重点就在于表演的主题，小车和小车是如何运行的以及宠物的装配。师生们用废旧材料制作道具，如用光盘做车轮，方便盒做乌龟的身体，一次性纸杯做老鼠。从三辆小车的驱动设计、电子信号灯的安装、宠物奶牛装配方式的创造性到宠物奶牛的把戏表演，大家也都是集思广益。给我感触最深的是一位学生做立体队籍标志时，在与我进行创意设计沟通的过程中，他大胆地提出了用四氯化碳与有机燃料融合形成大海和水的设想，在交流中，我得知这项实验从未做过，能否成功，我也为其捏了一把汗，为此，他咨询了学校的化学、物理老师，在有机燃料的选择上也是试了一遍又一遍，都未成功。正当我们一筹莫展的时候，我问他："这种有机燃料需要有什么样的特点呢？""只要不溶于水就行。"他的这句话一下子提醒了我，"咱们可以用油画燃料试试"。学生欣喜地将天蓝色油画颜料挤到吸管中，倒上水，一摇晃，果然出现了水色分离的效果。看到实验成功的这一幕，我真为他感到高兴。虽然在正式比赛前因容器的封闭性出现了问题而导致实验失败，但我坚信这位学生在探索中还是有收获，这种知识的获取是从课本上得不到的，也一定会是他终身所难忘的记忆。在剧本策划、小车训练、排演等方面我们也都做了精心的准备，但还是有一系列意外在比赛的时候涌了出来，好在师生团结合作，排除了这一系列的"地雷"，化险为夷。

即兴题的考核是现场命题，要求学生在8分钟或者更短的时间内完成指定的任务，有语言类的，有动手操作类的。这对学生的统筹能力、发散思维、动手能力等提出了更高的挑战。

这次活动是我们参加的一次大型团队活动，大家一次次开展"头脑风暴"，在去上海比赛的火车中，指导教师们还在教研每个剧情环节、每个动作，碰撞创意的火花。在活动中真正让学生做到了"以参与求体验，以创新求发展"，有效地促进了学生思维品质的提高。通过比赛，我真切感受到了团队精神的重要性和凝聚的力量。本次比赛全国不少的比赛队伍都有其独到的地方，其千奇百怪的服饰、大胆的场景设计都让我们眼前一亮。学校领导对活动的支持是对我们参赛学生和指导教师最大的鼓励。我们切实地感到了充实与快乐，比赛结束，成绩显著，当然，失误也是有的，我们还有许多需要反思和改进的地方，如对比赛衡量尺度方面的把握、总规则的认真解读、废旧材料的加工美化。这是对我们的鞭策，我想今后的比赛，也可以从本次活动中汲取经验和教训，希望我们能坚持参加这种动手又动脑、科技与艺术融合的头脑奥林匹克创新大赛，携手并进、开拓创新，共绘未来。

三位一体　科学规划　助力高考

山东省青岛第十六中学　曾晓伟

高三对每个人来说都是一个沉重的字眼，其中包含太多的艰辛、隐忍、期许与纠结。两年的历练与实践让我明白，班主任的工作绝非看起来那么简单，也让我深知：要打造一个良好的品牌班级，班主任的作用举足轻重。我的目标很简单：让每位同学都能感受高三、拥抱高三，更能用自己的毅力与热情搏出一个无悔的高三。任何目标的实现都离不开学生、科任教师与家长点点滴滴的付出。下面，我从这三个方面来进行一下总结。

一、学生：准确定位，科学规划，密切跟踪，及时反馈

1. 科学规划时间，抓紧每分每秒

随着高二下学期结束和高三全市期初统考通知的下发，在级部主任的倡导和班主任对学生的动员下，每个准高三生的暑假都过得忙碌而又充实。事后证明：任何付出都不是白费的。期初统考表现优异的同学，高考成绩都很理想。而个别走"自我"路线的同学，嘲笑同学努力过早，暑假一如既往地放松，无视学校和老师的要求，原本成绩在班级名列前茅，期初统考成绩却大幅下滑，可怕的是，在高三这一年就没"翻过身"，最终高考成绩草草收场。还有个外出借读的案例，某同学因原籍在黑龙江，所以高三回去高考。由于不适应那边的气候，加上父母也在青岛，于是在上学期期中又重新回

十六中学习。但是接下来的月考、期末考试及市统考的成绩都不甚理想。该生原本成绩优异，高二下学期的期末考试成绩级部排大约第30名，回校后表现也很刻苦，每天都熬夜到很晚。后来在期末考试的家长会上，家长也很费解，为什么仅仅离校两个月，成绩会有天翻地覆的变化？我跟家长沟通，从7月份开始算起的话，应该是四个月。每人每天的时间都是24个小时，高三的课业如此紧张，每天都是马力全开，根据我在家长会上的不完全统计，高三上学期每个学生的上床休息时间都在12点左右，甚至有些同学都经常熬夜到一两点（不推荐疲劳战术），试问对于那些成绩更好、效率更高、时间上更能拼的同学，拿什么来超越他们？所以，从高二下学期的期末成绩分析会和家长会开始，我们分别对学生和家长进行了充分的暑期动员，强调真正的高三已经开始了，心理上不能有丝毫松懈，暑期中，力争将所有科目的全部内容复习一遍，为充实的高三生活开个好头，也为接下来紧锣密鼓的复习奠定良好的基础。

2. 强弱搭配，科学布局

中考进入十六中的学生总是"强中带弱"。高三六班是典型的文科班，文强理弱。高二的时候，我分析了一下，班级前十名，有一半的同学数学成绩弱，有些同学弱得还不是一点点，3名同学的数学成绩在不及格线上，如果加上高一、高二的难度系数，数学基本上就是处于半放弃状态。雪上加霜的是，进入高三后数学单科成绩前五名的同学，有三名同学转艺文，以至于在后来高三的数学课上，学生都调侃我说："老师，您上课不寂寞吗？"寂寞，但不会放弃！我静下来细细反思，数学思维弱，可能有历史原因，据说有的同学从小学三年级学数学应用题开始就不喜欢数学，也不可能一朝一夕就可调整过来。所以，针对"瘸腿"科目，我就直截了当地告诉他们，至少在高三，你再怎么努力学，也不可能把你的弱科变成你的强科，在弱势科目上花费过多的时间的话，势必会影响其他科目的学习，也许到最后会"赔了夫人又折兵"，损失惨重。要想提总成绩，必须保住强科，让弱科不那么弱。以数学为例，满分150，优分120，难度较大的题目约占30分，基础和中档题大约占120分，我给学弱同学定的目标是达到平均分，慢慢地调整分数，逐级实现自己的目标，最后达到自己的理想分数线。从最后的高考成绩来看，规划后大家总成绩都非常理想，可见科学规划的重要性。

当所有人都在拼时间的时候，我们就要思考一下效率的问题，如何让学习更高效？一味盯着自己的弱科不放，每天进行低效学习，到最后很可能得不偿失，更是一种心灵上的折磨。我的一名学生很诚实地告诉我，学习数学很没有成就感，学习其他科就很快乐，既然如此，何不降低对它的目标，让自己更容易完成，做到不喜欢，也不讨厌。

3. 心理波动，早发现、早解决

以我还不太成熟的高考带班经验来看，大多数学生会有心理问题，或早或晚。在长时间的强压以及各种考试的反复磨砺之下，很少人能不出现任何的波动。出现焦虑或压力过大的情况，要早发现，及时干预，做好和家长的密切配合。开学伊始，在班会课上我就告诉他们，现在这段时间是磨人的高三生活中最美好的一段时光，每个人都信心百倍，斗志昂扬，准备大展拳脚，觉得自己的未来充满了无限美好的可能，所以请一定利用好这段时间。果不其然，开学后的风平浪静持续了两个多月，期中考试之后有些同学开始陆续出现状况。

以我们班的小黄同学为例，小黄同学是在高二下学期分流的边缘生，当时成绩一度跌到级部90名左右，按以往的成绩来看，这样的名次，本科达线几乎无可能。挣扎许久，他最后决定放手一搏，选择走普文。他是小暖男一枚，品性优良，外向活泼，高三时出任了我们的班长。高三的上半学期，我确实看到了他身上男孩子的韧性与拼劲儿，不管是学习还是班级管理，他都积极参与，成绩进步很大。临近期末，我发现他原本开朗爱笑的面容不见了，顶着一张严肃的面孔，情绪也很低落，而与此同时，家长也发来微信说，孩子最近情绪不好，压力过大，在家里和父亲发脾气。晚自习时间，我找他去办公室谈话，首先肯定了他前段时间的付出与努力，让成绩有了稳步的提高，另外还告诉他，出现焦虑和波动都是很正常的，应尽量淡化，不去想。为什么会出现焦虑？是不是因为今天的你没有全力以赴去完成自己的学习任务，怕明天的自己怪罪和后悔？那么答案很简单，要尽全力，让自己满意，那么家长和老师就没有任何要求。在接下来的几天，我对他进行了跟踪管理，看他基本上很快就调整过来了，在接下来的市"一模"考试中达到了A线，连他自己都很吃惊。最后高考成绩超C线30分，完成了自己的预期目标。

学习成绩优异的学生也会有心理波动，我们班的孙同学是乖乖女一枚，家庭氛围民主又和谐，有点小脾气，说话也有点刻薄。高二分班后成绩基本稳定在班级前五，进入高三上学期状态良好，几次考试都取得了班级前三的成绩，顺利挺过高考应该不成问题。在5月份的"二模"考试之后的某天，有学生过来跟我说，孙同学在教室里号啕大哭，劝都劝不住。没等我出办公室的门，就看抽抽搭搭的孙同学走过来，张口就说："我要回家，不想上学。"我将其他同学劝回教室，随后找了走廊的僻静处和她聊聊。关于孙同学的这次爆发，我有一点心理准备，从前几天的不交作业和不好好跑操的情况来看，她心理上也许早就出现焦虑，通过不配合的方式来发泄。我什么也没问，先说了句"想哭就哭，使劲哭，憋在心里更难受"，几分钟之后，哭声渐停，我问她为什么哭，原来起因就是几道政治问题没想明白，引起了她的崩溃。经过仔细分析，我希望她能找回自己的理智，想想那些成绩排在后边的同学都没有放弃，她也要咬牙坚持，尽快调整状态。两个选择：一是回教室，继续上课；二是请假回家，调整半天，同时缺课半天，后边内容自己补。她毫不犹豫地选择回家，给家长打电话，详细说明状况，回家短暂调整，明天回校上课。一切如预期发展，很顺利，孙同学归校后，似乎体会到了家长和老师的良苦用心，找回自己的定位，各项任务都积极配合，情绪高涨，最后在高考中发挥出色，以超过600分的成绩为自己的高三交上一份满意的答卷，这真的是她整个高三生涯中发挥最好的一次！事后家长发微信，特别感谢老师在孩子低潮时的教诲与开导，我也由衷地为她感到高兴，不为成绩，只为她坚强地从低谷中走出来，展现了最好的自己。

在本届高三中，六班有名同学因为心理问题很遗憾没有参加高考。心理问题无小事，作为班主任更是责任重大，要密切跟踪观察学生的状态，并及时做好与家长的沟通合作。

4. 科学分析，理性看待

在每月一考的学校安排之下，高三学生更应该关注每次考试的成绩。通过每次考试结束后的成绩分析会我告知学生，要关心成绩而不要迷信成绩，应不断从或高或低的成绩中找到自己的不足，争取下次考试不要再犯同样的错误。对"一模"和"二模"这样的大型考试，每次考完我会利用白天自习或夜自习时间对学生进行逐个分析，不仅关注成绩方面，同时也要关注成绩背后学生的心理问题，不断将学生的状态调整到最好。

二、科任教师：通力合作，不遗余力

要想管理好一个班集体，仅凭班主任一个人的力量肯定是不够的，只有凝聚科任教师的力量做到齐抓共管，才能达到管好班级的目的。要做好以下几点。

1. 协助科任老师处理教学中出现的问题

班主任在科任教师遇到教学问题时，不能片面地认为那是他们的事，袖手旁观或回避，而是要协助科任老师解决困难和问题，尤其是需要家校沟通（作业上交不及时、成绩下滑严重等）的问题，全面了解学生整体的学习情况。

2. 树立科任老师的威信

让学生认可和相信科任老师的专业度，要看到老教师的运筹帷幄能力和年轻教师的进取心，热爱每一门学科，均衡发力，才能提高成绩。

3. 定期和科任教师开班教导会

期中、期末和"一模""二模"都会召开班教导会。在会上找出需要重点关注的学弱生，责任到人，做到全面监督和反馈，并及时补弱，减少学科漏洞。比如英语江老师在我班英语成绩如此优秀的情况之下，依然找出我班唯一一个英语学弱生，利用自习时间给学生单独辅导；历史杨老师有学生的微信答疑小群，利用周末和休息日进行答疑；政治高老师不定期在班级学习群进行政治学习方法策略及高考方面消息的推送；地理单老师在班会课进班对学生的高考复习做了详细的指导；语文王老师对作文偏弱的同学进行"一对一"有效指导；曾给我们带班的许老师在身体不便的情况下依然关心我班的学习情况，不时地为学生们鼓劲儿加油。

正是在各方老师的通力合作和关爱之下，六班每位同学都汲取着知识的营养，百炼成钢，最终实现自己的梦想。

三、家长：真诚交流，合力至上

我经常跟家长说一句话："我也是孩子的家长，我的孩子也在学校里，我希望在我孩子成长的每个阶段里，都能遇到真心对待孩子的老师，我也希望自己能成为这样的老师。"我可能不是经验最丰富的老师，不是最睿智的老师，但我愿意做最用心付出的老师。在跟家长沟通学校或者学生的问题时，不强化，不争辩，保持足够的耐心和虚心听取其建议。当然，在听取意见和建议的同时，要有判断能力和心理承受力，冷静分析是非；同时要有宽广的胸襟，保持较高的素质，虔诚而耐心地倾听家长对学校教育教学的意见和建议。

举两个案例，宋同学聪明不好学，自进入高中以来无心向学，几乎天天惹是生非，跟科任老师顶嘴，逃课去打篮球，被没收过手机还满不在乎。对于这样的学生，我首先调整自己的心态，不抱怨，坦然面对，作为班主任，你永远也无法预料你面对的学生会出现怎样的状况。我们能做的是，不管出现什么样的问题，都要做好心理准备，然后积极应对。其次，该生家长本身脾气有点急，对孩子大部分时候也无可奈何。在跟家长交流的时候，要冷静理智，不过分强调孩子的问题和错误，而是交流整个事情的始末，尽量站在孩子和家长的角度去分析孩子为什么会这样，这样做又对孩子造成了怎样不良的后果。最后指出，为了帮助孩子后边更好地发展，我们对孩子的处理建议和需要家长配合的地方。几次交流下来，家长也能感受到老师对孩子的良苦用心，原本生硬的态度和语气也变得柔和起来，在与我微信交流的时候，也多了很多俏皮可爱的表情包，我能感受到家长一点点的变化，在后来的沟通中，我们变得像朋友一样轻松自然，有时候也会开个玩笑。而宋同学也逐渐变得守规矩起来，尽管有时候还是会犯点小错误，但是你也能看到他脸上流露出的不好意思和羞涩。知耻而后勇，激发学生的内疚感，那班主任的管理工作就会水到渠成。

还有汤同学，以足球生的身份考进我校，文化课底子比较薄弱，课堂教学基本跟不上。进入高三后，由于艺考生的大片离校，原本不显山露水的他问题层出不穷。上课的时候不抬头，不按时进班午自习，午休期间经常随意外出。在处理学生问题的时候，我有一个小原则，尽量不告知家长，除非万不得已，能自己解决的事情尽量不麻烦家长。经过几次约谈，我了解到了他的家庭状况。父母原本都是部队军官，母亲因公殉职，父亲转业重新组建家庭，他与继母关系不好；他还有一个双胞胎弟弟，在一中上学，成绩优良，品性乖巧。相比之下，汤同学的处境就比较可怜。如果要讲学习，可能真不是他擅长的地方，父母和他也花费了不少的精力，效果甚微。但是，除了学习之外，我更能看到他的阳光、开朗、有孝心。有次他犯错误，我停了他的周六自习。他非常卑微地说："千万不要。"我很不理解，回家学习不是可以更自由？他道出原委，怕自己回家会惹继母不开心，回头和父亲再起冲突，让父亲难过。那个瞬间，我真的特别感动，我一直坚信学生的本性是善良的。随后在与其父交流的时候，我一直都先表扬后批评，让家长看到他优秀的地方，不要一味苛责他的学习，要对孩子准确定位。其父也对我们的工作表示认可。汤同学也不负众望，最后高考成绩远远超过了自己的预期。

这样的案例很多，作为班主任，只要你能付出真心，让家长感受到老师真心实意的付出，后边所有的工作就会开展顺利。在收到录取通知书的时候，老师总是他们想第一个分享喜悦的人，甚至有位家长要主动为学校宣传，我想这都是对我们工作的极大认可和肯定，我们从家长身上感受到了作为班主任的自豪和成就感。

良好班集体的打造，需要班主任密切跟踪，积极协调，教师和家长互相配合，在教育孩子的道路上携手前进。有了耐心、爱心和责任心的加持，班主任的班级管理工作会更如鱼得水。

没有爱，就没有教育 ——读《陶行知传》有感

山东省青岛第五十八中学　丁旭东

　　读罢《陶行知传》，我掩卷沉思，受益颇多。"没有爱，就没有教育。"苏联教育家马可连柯一语道破教育的真谛。爱生之心是一种伟大的感情，更是一种伟大的教育力量，是教育取得成功的法宝，陶行知先生关心青少年的成长，关心他们的身体、思想、学问、工作，可以说是无微不至。作为一名伟大的教育家，他以睿智的目光、博大的胸怀，倡导并实践了爱的教育，这种教育理念很值得我学习。

一、以爱心激励学生

　　回顾自己的教育教学我发现，个别被认为是"搅局"的同学，恰恰具有某些亮点，只是因为这些学生的行为和老师的标准不一致，所以才不被老师接纳，甚至被打上"捣乱"的烙印——即所谓的学困生。这样不但会破坏良好的师生关系和和谐的教育教学氛围，更严重的还可能会使学生的创造力和个性受到压抑，进而影响学生的一生。

　　陶行知说："真教育是心心相印的活动，唯独从心里发出来，才能打动心灵的深处。"没有爱就没有教育，爱是教育的前提和基础。教师不仅要关心学生的学习和生活，还要做他们的知心朋友。教师用爱与学生沟通，才能真正了解学生的想法，才能真正帮助他们。真正理解学生，需要教师

抛弃自己对学生的固有偏见与主观判断，站在学生立场上，以学生的眼睛来观察，以学生的心灵来感受，以学生的观点来思考，从而走入并体验学生的内心世界，达到与学生心灵的相通。当学生真切地感受到你对他的真心关爱，必定会回报以最真诚的信任，学生自然就会愿意向你敞开心扉，向你吐露心声。教师的爱对学生的发展是一种巨大的推动力，对教师的发展也是一种重要的推动力量。教师的爱心会驱使教师以最大的耐心和韧劲儿克服教育工作中遇到的各种困难，挖掘自身的潜能，创新教育方法，从而取得良好的教育效果。如果教师缺乏这种爱，对学生冷漠无情，动不动就严加训斥，甚至对他们感到厌烦，会造成师生关系紧张，学生就会对教师紧闭心灵的大门，最终导致教育活动的无效或失败。教师的爱心还表现在对学生真诚的欣赏和鼓励方面。教师要真心诚意地欣赏学生的纯真、善良、可爱，善于发现学生身上的闪光点，把握时机，及时表示欣赏之意。教师真诚的欣赏和赞美会给学生带来极大鼓舞，大大增强学生的自信，使学生获得成功并享受成功的快乐。

二、学生在我"与时俱进"的课堂教学中自主学习，不断进步

陶行知说："教学做是一件事，不是三件事。我们要在做上教，在做上学。不在做上用功夫，教固不成为教，学也不成为学。"

回想自己近些年的教育教学，可谓"与时俱进"。有前置性学习，有课堂上小组合作探究，还有学生上台展示，更有评价、激励和超越。这四个流程对学生各方面能力的提高至关重要，先做后学、先学后教，真正体现了学生是学习主体的原则。因此，在课前我精心设计了前置性学习，常常"拿着错题统计进课堂"，取代了过去"带着教材进班级"的传统教学模式，真正做到了以学定教，提高教学的针对性和实效性。让学生走上讲台，教师只做引导、追问、点拨和小结，帮助学生构建知识网络，由此，曾经死气沉沉的课堂，迎来了热火朝天的新气象。

三、学生在我宽严有度的班主任工作中勇于改错，快乐成长

陶行知说："你的教鞭下有瓦特，你的冷眼里有牛顿，你的讥笑中有爱迪生。你别忙着把他们赶跑。你可不要等到坐火轮、点电灯、学微积分，才认识他们是你当年的小学生。"大部分学生喜欢张扬个性，自尊心强，面对老师的批评教育，总是不以为然，极易逆反，如果班主任急于定位或忙于下结论，学生往往会马上针锋相对，不但达不到教育学生的预期效果，反而让老师下不来台，甚至在班中造成恶劣的影响，有损班主任形象。为此，我常用冷处理的办法。例如，某个晚自习的第三节，教室里静悄悄的，但有位女生正在打开果冻盒，见到老师，慌忙收拾，塞进桌洞。面对这一幕，我想：让她当众把果冻扔进垃圾桶，还是让她拿果冻出来面谈？思前想后，我采用了后者。于是，她胆怯又极不情愿地带着果冻低着头走出教室，等待老师的批评。"先把果冻吃掉。"我微笑着说。她满脸疑惑地望着我。"先把果冻吃掉。"我几乎是命令了。就在我一转身的工夫她居然狼吞虎咽地吃掉了果冻。我带有责备的语气接着说："本该在班空里进肚的果冻，你却让它迟到了，还是下不为例的好。"我没再过多地说什么，她只是低着头，似乎在等待着我的进一步发落。这一次谈话少了一份责备，多了一份指导，我趁机询问了班级的一些情况，结果我有了意外的收获——同学们之间的关系、班级的氛围、早恋现象及其个人鲜为人知的一面。上述偶发事件，从学生被迫走出教室的神态来看，她已预感到将面对老师的严厉批评甚至责罚，然而我采用了别样的处理方式，这就让学生感到老师的和蔼可亲、平易近人，从而愿意向老师倾诉心中的秘密。

当然，学生个性千差万别，仅凭尊重管理班级是远远不够的，有时带有力度的批评也是非常必要的。有一次晚自习近十点，只见一女生急匆匆地走向高三教学楼，当看见我时掉头就跑，我大喝一声："回来！"当站在我面前时她居然说："我在北教学楼三楼西教室里面学习，那里还有两个同学，都在学习。""犯了错误竟然找借口强调自己的理由！"此时我已声色俱厉："只要上课时间离开教室，在哪里都不可以，都是严重违纪，更何况是晚上

离开！如果在校外发生交通事故怎么办？万一遇上抢劫怎么办？进了网吧身不由己又怎么办？人身安全第一！"她早已无言地低下了头，连声道歉："对不起，老师，我错了。" 此时，她已泣不成声。"回家好好想想，跟家长好好谈谈，明早告诉我谈的情况。"第二天一大早，她双手递给我一封信，近1500字，字里行间处处流露出对自己行为的悔恨，对家长的愧疚，对老师的感激，认识很深刻，谈得十分透彻。从此以后，该生严格要求自己，确实在各方面起到了模范带头作用。

作为班主任，对学生的教育要坚持宽严有度，这样不仅能激发学生当前的学习的内在驱动力，还可为今后的可持续发展打下坚实而持久的动力基础。

教师应通过面对面谈话、班会、私下交流等各种形式，用自己积极向上的精神气质和良好的教育教学方法、豁达乐观的人生价值观潜移默化地影响、感染学生，促使学生奋发向上。

四、业余时间不断丰富、提升自己

陶行知说："要想学生好学，必须先生好学。惟有学而不厌的先生才能教出学而不厌的学生。"为了提高自身的素质和教育教学能力，我积极参加各种教育教研活动，虚心向同事学习，博采众长，努力提高教学水平。

读书是教师幸福感的催化剂。课余读书让我增长了知识，开阔了眼界，提高了自己的幸福指数。教育随笔是教师幸福感的真实记录，写对教育教学的反思、课堂实录、教育教学论文，可使教师经过思考积累经验，加速专业成长的步伐，如能被报刊采用，还能享受发表文章的幸福。

要想照亮别人，首先自己身上要有光明；要点燃别人，首先自己心中要有火种。为了美好的明天，我依然要用心读书，加强自身修养，带学生一起快乐前行。

莫让经济贫困变成心理贫困

山东省青岛第五十八中学　丁旭东

近几年来，"高考结束后高三学生集体烧书""某高中学生因压力过大跳楼"等一些刺激性的新闻标题屡屡见诸报端和各大网站头条，不断挑战着人们的视觉神经。在有的高中，学生高考后撕书甚至成为一种"文化"，年年传承。这种现象是否正确且不予置评，在某种程度上，这也反映了高中生严重的备考压力，同时，高中生的心理健康问题也越来越被人关注。我认为，除了关注普通学生的心理健康，对特困生的心理健康教育更应引起重视。

特困生作为一个特殊的人群，受到了社会、学校的关注。但是，冷静思考后我们发现，这种关注更多的是直接的经济方面的帮助，没有看到经济贫困对特困生的成长，尤其是心理成长的影响，自然也就缺乏对他们的心理状况、思想状况的深入了解和关注。特困生特殊的家庭背景，可能造成他们的心理问题并由此而影响到他们的环境适应、人际交往、学业成才等许多方面。

我校一向重视对特困生的帮扶，专门成立了"寒窗基金"，采取了奖励奖学金、减免学杂费、发放困难补助等多项助学措施，多渠道解决特困生的经济困难，使很多特困生从中受益，感受到了来自学校的温暖。作为班主任，我们也许不能在财力上给予特困生更多的帮助，但可以在心理上给予他们更多关怀，避免学生出现心理上的贫困。

特殊的家庭环境和生活条件使得特困生的心理问题更加突出。自卑是特困生常出现的心理问题，由自卑从而容易导致自轻、自贱、自我鄙视，对自己持有完全否定的态度和情感体验，缺乏生活的积极性和主动性，抑郁孤僻，自我封闭。这种心理状态会严重影响他们学习的积极性，加重学习压力。到了高三，这种压力会更加突出。

多年前，我曾教过一个叫小萌（化名）的同学。她的家庭经济条件非常困难，个人性格也比较孤僻，心理比较敏感，总是独来独往，很少和同学一起参加校外的集体活动。在学习上，小萌同学压力很大，抓紧点滴时间拼命学习，成绩比较突出。了解了她的情况之后，我便思考应该怎样帮她，既能在经济上给予她一定的帮助，又不会让她有被怜悯的感觉。

班里喝饮料的同学比较多，我们教室里便多放了一个盛饮料瓶的垃圾桶，既提升了班级的卫生状况，培养了学生的环保意识，也可以为班里创收。有的同学喝完饮料，总是不自觉地将瓶子随手放在脚下或桌子底下，影响了教室的美观。我就安排给小萌一个任务：负责每天早、中、晚三次清理教室里的空饮料瓶。同时在班会上对小萌同学大力表扬："小萌同学每天坚持为班级清理垃圾，她的付出为我们班营造了良好的环境，同时也为咱班级创了收。以后大家要多配合小萌同学的工作。"以后班里交印刷费或材料费时，我便让生活委员把小萌的那份钱收上来再偷偷还给她，而且特别叮嘱，还给她的时候，不要当着大家的面，不然会让小萌在心理上感觉不舒服。

小萌的自尊心很强，记得第一个月交印刷费的时候，交的钱对她来说是不小的数目，但她非要坚持交。我把她叫进办公室对她说："小萌，这些钱不是班费替你垫，严格来讲是你自己勤俭节约挣的钱，不要在心理上感觉过意不去。你把班里所有的饮料瓶子都集中起来，每个月能为我们班创收近百元呢。"实际上饮料瓶子根本卖不了这么多钱，但这对她来说在心理上是一个很大的台阶，不会让她感到有被施舍的感觉。她点了点头，接受了。春节前，学校为每位贫困生准备了年货并给学生送到家，我对小萌说，这是学校对优秀学生的奖励。每次为她申请到助学金，我都说这是奖学金，是对成绩优秀同学的奖励。虽然她知道这是学校对她的帮助，但换一个说法，让人感觉不一样。

慢慢地，小萌变得开朗起来，对于班里的工作总是抢着去干。运动会上，她踊跃报名，一人报了好几个项目。她还负责我班的啦啦队、观众区的卫生工作，既是运动员，又是勤务兵，赢得了同学的赞许。在班里组织的元旦联欢会上，她还和同宿舍的同学合唱了一首《我的未来不是梦》。

高三的学习压力很大，尤其是青岛市"一模"结束以后，不少同学都开始焦虑，学习效率下降，小萌也不例外。在"一模"后的几次理综训练中，她考得不是很理想，情绪也比较低落。对此，我多次找到小萌，帮她分析成绩，梳理知识脉络，鼓励她，增强她的信心。后来，经过慢慢调整，她进入了良好的备考状态，在高考中取得了不错的成绩。

对许多像小萌这样的特困生而言，生活困难对他们心理造成了重大的挫折感，面对挫折，他们往往感到自己无能为力，从而丧失挑战困难的勇气和信心，在心理上采取了逃避、退缩的应对方式。另外，在人际交往和群体活动中也存在不同程度的困难，表现出明显的不确定性和不稳定性。他们有融入群体的强烈愿望，但又往往因为自身的问题导致矛盾和冲突；他们有得到周围环境支持的心理需求，却又不愿接受他人的同情和怜悯。特困生心理问题往往表现为综合性问题，当多种因素发生作用时，情况就更为复杂和严重。

作为班主任，是学校教育中离特困生最近的人，也是做工作最有效的人。只要我们用一颗爱心真诚地去帮助他们、关怀他们，就一定能让他们振奋起来。

平民教育的领路人——陶行知

青岛西海岸新区胶南第一高级中学　姚晓昕

一、缘起晓庄

纵观中国教育界，成立于1927年的晓庄试验乡村师范（今南京晓庄学院）始终是一所特别的学校。当时，这所师范学校建在南京郊外的一片荒野里，没有校门，没有围墙，甚至没有像样的校舍。但在当年，它的影响力却遍及全球。很多西方学校的教育权威都给予这所学校高度的评价与肯定，其毕业生甚至收到了来自世界各地的执教邀请。这不禁让人陷入思考：这所师范学校凭借什么成为"别人眼里的学校"，又是何人创办的这所学校呢？

这所学校的创始人是陶行知。他在调查研究当中发现，农民不识字，这是中国的基本国情。农村教育也有走错的路，在农村教育中，它教农民子弟吃饭不种稻，穿衣不种棉，住房子不造林。两耳不闻窗外事，一心只读圣贤书。本来会劳动的孩子，到旧的学校里一上学，出来以后就不会劳动了。陶行知说，中国乡村教育必须要来一个根本的改造。改造的第一步就是普及人民教育，要为他们醒悟做工作。

二、理念践行

晓庄师范学院采取何种教学模式？晓庄的教学是别开生面而务实有效的。它完全贯彻了陶行知的"生活即教育"的思想。教育要因材施教，就地取材。陶行知相信没有专门教人的老师，只有经验稍深或学识稍好的指导员。所以，农夫、村妇、渔人、樵夫都可做学习的指导员。因为我们有不及他们之处。比如说到了春夏之际养蚕的季节，他就上课。上的什么课？就是学习与养蚕有关的知识，计算养蚕的成本，然后去认识一些和蚕有关的生字，学唱和蚕有关的歌曲。通过这样的方式，就把常识课、语文课、数学课都涵盖在里面了。陶行知通过实践劳动来让学生自己体会其中的道理。

"生活即教育"理念更多地强调教育和社会的结合，就是说我们培养的人才要能用，能够解决问题，能够解决中国的实际问题。生活即教育，处处皆课堂。

1938年，陶行知着手筹备创立育才学校。创办育才学校的主要目的在于培养人才之幼苗，使得有特殊才能者的幼苗，不至于枯萎，而且能够长大。这样就必须给予适当的阳光、空气、水分和养料，并扫除害虫。我们爱护和培养学生，正如园丁一样，日夜辛勤地工作着，希望他们一天天地茁壮成长。

"滴自己的汗，吃自己的饭，自己的事自己干，靠人，靠天，靠祖上，不算是好汉！"陶行知的《自立歌》告诉我们，尤其是青年人，不要总是依赖别人，把一切希望都寄托在别人身上，而是要依靠自己解决问题，因为每个人都有许多事要做，别人可能帮得了我们一时，却帮不了一世。所以，靠人不如靠自己，最能依靠的人只能是我们自己。

三、自我发展

陶行知的教育思想，让我感受最深的一点就是与时俱进。他自己有一句话叫"仿我者死，创我者生"。我们学陶行知的思想，不是要照搬他以前做的，而是要在当下的教育环境中加以发展，加以继承。陶行知先生说，要想完成乡村教育的使命，属于什么计划方法都是次要的，那超过一切的条件是同志们肯不肯把整个心献给乡村人民和儿童。"捧着一颗心来，不带半根草去"，我们应该要有这颗心。陶行知实际上是提倡了一种尊重社会、尊重现实的意识，也就是返璞归真。因为我们教育的对象，无论时代如何转变、环境如何转变，最终还是社会人，源于社会，最终还是要回归社会的。

陶行知的这些思想，于我们而言，是宝贵的精神财富，应该作为一种文化来传承。我们可以通过各种各样的活动和载体，来让这些理念、这些思想真正地入脑入心，最后变成学生的一种自觉行为。

铁肩担道义　真情塑未来

青岛西海岸新区胶南第一高级中学　姚晓昕

初心不忘年复年，使命当然压铁肩。

传道授业与解惑，家国天下梦渐圆。

　　选择教师，就是选择绿叶的事业。教师的一生，与学生相伴，日复一日、年复一年，要做大量平凡、琐碎的工作，这种甘为人梯、无私奉献的精神，就如同绿叶一般，为学生撑起一片绿荫，用真情付出换来学生的成长。

　　我们的刘泽伟老师，从碧海绿地来到雪域边疆，从海之蓝来到天之旷，他用信念坚守教育情怀，为藏区孩子的未来不惜牺牲身体的健康，放弃对家人的陪伴。在空气稀薄的高原上，为了给孩子们上课，他忍着双腿浮肿带来的酸痛，爬上一层又一层的楼梯，爬不动了就停一会，深吸一口气，接着往上爬。坚持，坚持，再坚持！厚重的喘息声，是他对责任的坚守；沉重的脚步声，是他对使命的担当。由于高原缺氧和语言的差异，上课时，刘老师往往需要讲一会儿喘喘气，琢磨琢磨再接着讲，在我们这里用十分钟讲完的内容，在那儿需要一节课。一次次地解释，一遍遍地重复，极度耐心和细心是他对藏区孩子深情的付出。因水土不服，刘老师经常生病，但为了不给学生耽误课，他从没有请过假，而当远方的家人生病住院时，他也只能通过电话表达自己的关心。

　　在我们学校门口，曾经发生过这么一件事。一天早晨，天空飘着小雨，学生们正穿过繁忙的车流进入校门，突然响起一阵刺耳的刹车声，一个骑自行车的学生被客车撞倒，自行车前轮压在车下，在这紧急的时刻，只见一个身影冲过去，把脸色惨白、跌落在地上的学生护住。因伤情不明不敢乱动，她一直蹲在地上保持一个姿势，护卫着学生，并不断安慰她。直到救护车和家长赶来接走，她才站起身，这时她的手脚已经麻木，全身湿透。这位在关键时刻为学生挺身而出的就是我们的徐桂燕老师。她平日里可是一位温柔、内敛的女老师，关键时刻却迸发出母亲天使般的爱。

我们学校还有众多优秀的老师，他们有着坚定的理想信念，有着高尚的道德情操，有着深厚的扎实学识，有着真挚的仁爱之心。明德致远是他们的德育理念，走进崇高是他们的德育品牌。他们送出了一批批优秀学子，却依然坚守在教育的第一线。我工作在他们身边，见贤思齐，深受感染和鼓舞，也在不断思考：我应该怎么做才能向他们看齐。

做班主任的两年里，我每天吃住在学校，等学生们睡了之后才回到宿舍，第二天又早早来到教室，关注每个学生的学习状态，天天如此。学生不放假的周六周日，我也在办公室里忙碌着，批改作业，找学生谈心，跟发展不理想的学生分析原因，跟家长交流孩子的成长……我的同学问我，做一名老师，你后悔吗？我坚定地告诉他们：不，我无怨无悔！因为绿叶的事业同样是快乐的，在工作中虽然没有轰轰烈烈的事迹，也没有惊人的壮举，但在平凡的岗位上，我们也能创造出不一样的辉煌。在平淡的日子里，我愿用一颗平常的心，默默奉献，不需要华丽的语言，只需要把看似简单的小事做到极致，继续与花同行，做好绿叶的事业，以主人翁的态度为学校、为新区教育贡献我的绵薄之力！

我说我的教育故事

青岛西海岸新区胶南第一高级中学　姚晓昕

陶行知说过："真教育是心心相印的活动。唯独从心里发出来的，才能打动心的深处。"教育不能没有爱，但爱不等于教育。教育需要爱，教育还需要智慧。教师要具备一定的教学智慧，这远比教师只有满腔的爱和热血而不知如何对学生表达更实用、更接地气。

教师每天所遇到的问题很多，比如说学生的早恋问题、班风问题、班干部选举问题、纪律问题。教师如何处理这些问题，彰显着教师的职业理念和职业态度，更是体现着教师不求回报甚至不求理解的神圣使命感。曾经，我的老师们用自己的言行和心血诉说着教师这份职业的光荣和辛劳；今天，我光荣地接过他们手中的接力棒，向学生传递关怀和热爱。

很多人都会遭遇人生低谷期，都会有一段日子似乎不论干什么都到处碰壁、失败的经历。高一阶段，我班有不少来自农村的学生，他们淳朴善良，待人真诚，但因为小学和初中英语听力训练得少，到了高中，英语明显处于劣势，不少学生因此对英语采取避而远之的态度。高一上学期期中考试，我收到一个学生给我写的一封信，上面写满了他对于英语成绩的心碎、绝望，他说自己已经很努力了，但却没有任何成效。他把所有能想得到的不好的词全部加诸自己身上，自暴自弃甚至有更极端的念头。失败来得太过急促、猛烈，足以让一颗要强、上进的心一蹶不振。

我了解到这个学生的想法后，把他叫到我的办公室，让他坐下，先交流了一番，然后带他来到了英语老师，一个永远都是那么亲切、温和的老师面前。学生当时很不好意思，觉得自己让老师丢脸了。他准备好了要挨骂，却没想到迎接他的不是指责，而是耐心的询问和教导，这让他无法抑制地说出了自己的想法：差劲的英语成绩和转学的念头。英语老师认真帮他分析了学习英语的恰当方法，告诉他提高英语听力成绩的经验。英语老师说，成绩不理想没关系，只要自己不放弃，一切就来得及。当时，站在那里的我被深深地感动了，英语老师激励的话语教会了学生遇到挫折时不要逃避，永远不要放弃。对于刚刚踏上工作岗位的我来说，这也是一种学习。

不知不觉，自己从事教育工作已经一年半了，每当与学生交流探讨后，看到学生脸上的"乌云"渐渐散去，自己的心情也好了起来。虽然面对未来，仍有很多的不确定因素，但对于学生的寄托和期望时刻在我心中萦绕着。当年我的老师给我的信心和勇气，在今天，我感觉有了一份传承——师爱的传承。

写给2035年的自己——畅言2035年的青岛教育

山东省青岛第五十八中学　王麦斌

Hello，你看到这封信了吗？你这个42岁的"老王"现在过得怎么样？我知道你特别羡慕我现在这个年纪，但我也特别羡慕你，想像你一样有岁月可期，亦有往事可回首。你可千万别骂我身在福中不知福，我会好好珍惜这令人尊敬的教师岗位，为了你也为了我。

特别想知道现在的你正生活在一个怎样的环境里。2035年会是一个多么令人期待的时间，让我羡慕的是你在那美好的时光里感受桃李满天下的幸福，而我只能在校园里"学生虐我千百遍，我待学生如初恋"。值得自豪的是，在我这个年代，我有幸见证了全国城乡义务教育一体化改革率先在青岛推行，见证了青岛教育信息化水平的提高，将国际教育信息化与青岛本地教育相结合。这么说来你是不是也挺羡慕我？

和刚工作两年的我相比，你这个工作了19年的"老人"是不是感受到了更多青岛教育翻天覆地的变化？你一定会说，青岛教育已经走在全国乃至世界前列，教育工作者都拥有了现代化的教育观念，牢固树立了创新观念和建设具有中国特色、世界水平的教育质量的观念。当然你也会意味深长地说，取得如今的成就可不是一朝一夕的努力。

青岛教育的发展找准了"三个坐标"，即在全省坐标中当好全省教育发展的"龙头"、在全国坐标中争创全国教育前列、在全球坐标中努力建设独具特色的青岛教育。新时代，青岛教育应该当好全省教育的"龙头"，全力支持山东的教育建设，引进来，走出去，全方位、多层次地为教育欠发达地区提供帮助，助力全省教育均衡化。新时代，青岛教育要争创全国教育前列，全体青岛教育人凝心聚力，心往一处想，智往一处谋，劲儿往一处使，在推动青岛教育争创全国教育前列的同时，在全球坐标中建设独具特色的青岛教育，继续开阔视野，坚定国际化道路，学习国际先进教育管理经验，让中国教育屹立于世界教育之林。

青岛教育的发展聚力了"三个提升"，即提升思想境界、提升工作标准、提升责任担当，永不自满、永不懈怠，鼓足干事创业的精气神。教育不仅要做到率先、找准坐标，更要做好提升，努力成为中华民族梦之队的筑梦人。

青岛教育的发展做到了"五个突出"，即突出党的全面领导、突出全面深化改革、突出扩大对外开放、突出新旧动能转换、突出以人民为中心，以钉钉子精神做实、做细、做好各项工作。以"五个突出"来进一步夯实青岛教育发展，让每一步都走得准确而又稳健。

你当然还会对我说，国家如此强大，保卫着每个人的安全，青岛教育发展如此蓬勃迅速，身为青年教师的你又为青岛教育做了哪些贡献呢？可不要让我失望哦！

致班主任（学生来信）

青岛西海岸新区胶南第一高级中学　姚晓昕

以这样的方式表达谢意，其实我还是很怂的。

似乎还是高一时青涩的样子，转眼间，就要上高三了。

不知道高三还能不能看到您熟悉的身影。

但，我会记得——

依旧是那个拂晓之际匆匆而来的身影，

依旧是如约而至的期末礼物，

依旧是无数次的反复叮嘱，

依旧是为我们的早读状态而费心竭力的您，

依旧是那个鼓励我们为大学奋力奔跑的您。

还依旧是那个小心翼翼维护我脆弱的心灵的您，

鼓励我们坚强，却会因为"恨铁不成钢"而流泪，

用严厉的话诉说着最焦灼的情感。

高中的路，于我而言，真的很坎坷，但感谢您，

赋予我前行的勇气，无数个想放弃的瞬间过后，我都不曾放弃。

您坚持陪我们走过无数个日日夜夜的灯火。

有人说，高中就是坚守每一个平凡的日子。

每天，都是笔耕不辍的平凡，但不变的，始终是您炽热的情感。

一如往日之热血，一如往日之温暖。

因为有您，一个个漂泊的心找到了未来的方向。

我知道，一直以来，我都是一个"事儿多"的学生。

但我庆幸，遇到了一个"管得多"的老师。

那个会在考试前细心叮嘱的您，

那个真正地为我们的未来而考虑的您，

都让我感动。

"为人师表"，

那份责任，那份担当，

那种细腻，又如此平和。

每一个凝固的瞬间，

都是您用心关注我们的每一点进步。

华丽的辞藻再多也无法表达，

我只想真诚地说一句："一直以来，谢谢您。"

期待高三，期待有您。

——您的学生李某

严而有度，有温度的班级管理

山东省青岛第五十八中学　丁旭东

　　德育管理需要智慧，班主任就是那个管理者。我真真切切地感受到班主任工作没有想象中的那么简单，也不是简单地把时间都给学生管理得"死死的"，而是要放任学生个性又不放纵其发展。严格要求学生的同时也要严格要求自己，以身作则，而且要有温度，有关心和爱。

　　高二开学后，班主任工作更加烦琐，尤其是高二学生对学校学习生活非常熟悉，对老师的性子也摸得很清楚，厌学、手机成瘾、游戏成瘾、小说成瘾、青春期叛逆、早恋等情况时有发生，因此高二学生比较难管理。下面介绍几个学生的案例。

　　【案例一】

　　青少年处在特定的身体、心理发展阶段，思想和心态方面尚未成熟，更容易受到影响和冲击。在应试教育向素质教育转轨的今天，培养学生良好的心理素质、健全的人格是不容忽视的。特别是现在的学生承受着社会更多的关注、家长更高的期望，所以心理压力和学习压力交织，负担更重。为了减轻学生心理上的负担，需要班主任多与学生沟通交流。

　　高二第二个学期的一天早上，小马同学在早读时就无精打采，一看就是前一天晚上没有睡好觉，这与他平时的表现有很大不同。他住校，最近早自习老是睡觉，这应该是晚上熬夜了。但住校生都是晚上10：30熄灯睡觉，睡眠时间应完全足够！

小马同学平时学习还算刻苦，不爱说话，比较内向。有一天他突然找到我说，父母对他要求严格，对他能否做好一件事情没信心，总是担心他出错而不让做，学习成绩不理想就想着报辅导班，总是认为多花点钱就是关心他等。

我跟他妈妈聊了很多，了解到孩子每周带充电宝回家充电，但是自己又没带手机，很有可能是宿舍同学带手机和充电宝，让自己带回家充电，晚上在宿舍玩游戏。说来也巧，我在学农期间发现过他在床上玩手机，也找他谈过。他也知道自己不对，但控制不住自己，上次还让父母把手机要回去了。回校上课后他夜里还是玩，耽误学习还影响精力。即将步入高三，我又找了他，告诉他期末考试快到了，要加油，把自己的弱科提升上去，不然来不及了，期待他期末好的表现。后面几天他学习主动性提高了，看样子听进去了。前两天，再一次跟其父母沟通学习情况，他妈妈告诉我说，上辅导课的时候，老师看见他和一个穿便装的女孩在一起，心想是不是又早恋了。一波未平一波又起，虽然这在青春期较为常见，但考虑到准高三生心理压力大，也不能直说，我只能旁敲侧击，跟他讲自己高三经历过的事情，告诉他父母的心情都是一样的，想让自己少走一点弯路，回想一下这是父母最无私的爱。他也很认同。同时，我也跟他父母深入交谈过，给出自己的建议：第一，在宿舍住戒除手机瘾有一定难度，要循序渐进，最好是有监督，他也不是明目张胆地玩，所以最好走读，这样也能提高学习效率，还能减少玩手机；第二，对待早恋还是先搁置，我会再旁敲侧击，督促其将注意力转移到学习上来，多鼓励。

【案例二】

平日自习，班主任在时，全班同学齐刷刷一个姿势，奋笔疾书；老师走后，有的人就坚持不住了，偷偷从教室出来放风，转个头借点东西、说几句话等。小邢同学在班级里就属于那种不爱说话的男生，经常性迟到，上课迟到、自习课迟到、跑操迟到。自习课吃点零食，打上课铃了，开始出去上厕所、接水，这就是他的日常。但是他有一个优点就是爱问问题，当然也有不好的地方，就是主动性思考不足，问题都需要老师解答出来才行。

作为班主任，我该做的事就是答疑解惑，对学生进行心理疏导，与他们谈话交流，纠正他们的错误。每一天的自习课时间很宝贵，你可以利用这段时间完成作业，整理笔记，重新思考今天白天上课不懂的内容。如果有剩余的时间，还可以自主学习、问老师问题。所以，我们要好好权衡，珍惜自习课的时间。对于小邢，我跟他妈妈沟通较多，他妈妈说在家说他也不大听，成绩优异让他更加肆无忌惮。对他我也只能是引导。第一，有时候我会对他说问问题要有节制，自己思考之后再来问老师，自己能解决掉的问题尽量自己解决，不能总是依赖老师，这样学习能力才能上去，同时还不影响其他同学问问题。第二，让他学着自律，不以恶小而为之，不能以问问题为由迟到，上课后随意外出。每次他都答应得很好，但依然故我，希望时间可以纠正他这种坏习惯，让他真正做一名守纪好学的好学生。唯有自律，才能让自己的成绩有更大进步。

【案例三】

下学期开始，小魏同学就显得有些心浮气躁，完全不在学习状态，经常自习课说话，扔纸团，玩水枪，甚至还威胁值班班委不要记自己的名字。前几天体育课，体育万老师打电话问我他平时的情况，问他是否有过偷窃行为。我吃了一惊，万老师说，他们碰到他进入教师更衣室拿了一桶羽毛球。我跟万老师说先不要声张，不要伤了学生自尊，教育为主……回到班里，我上了一堂班会课，告诉同学们，五八学子的品质、学习能力都是岛城比较好的，但今天，有同学去体育老师那里"借"羽毛球打，但是我希望同学们记住，借东西一定要跟老师打声招呼，不要随便拿走，免得误会，体育老师那里的球也是老师自己买的，数量也不多，或者想用的同学去超市买一筒球打也可以。过后有一天晚上，我跟他谈了谈，了解到父母对他期望也很高，但是一直也没有太好的办法，回到家就喜欢唠叨，诸如"快学习吧""别再上网了，快考试了还不知道抓紧""怎么老是在学校犯错误"，这些都让小魏跟妈妈有隔阂，老是在家里吵架。我也跟他爸爸交流了多次。一次，在"我的目标大学"主题班会上，很多同学都写了勉励自己的一段话以及自己理想的大学，有些同学双眼放光，有些同学灰心失望，我看到小魏同学拿着自己的考试成绩对照着自己的目标，脸上有种说不出的难受。他平时一听就懂，课堂表现很活跃，为什么成绩总是上不去，有什么其他方面的困惑？小魏课后经常性不交作业，上次课堂上听写方程式，我让学生起来收，结果发现没有他的，问他为什么不交，他说不会，还有一次也是这种情况，说自己交了但被风刮跑了。

听到这样的回复，我气不打一处来，但作为老师，生气归生气，还是要引导，十六七岁的学生毕竟心智不成熟。后来我告诉他："你是聪明人，但却做着最愚蠢的事情，不交作业，放纵自己，不认真学习。希望你主动交作业，不要在最好的年纪因为自己的无知挥霍自己的聪明才智，时光一晃而逝，到头来追悔莫及。"他也知道我对他的批评教育是为他好，但是就是听不进去。他说尽量改，以后的作业单独交给我，保证自己不违纪了。这一次，我选择相信他。期待他的蜕变，未完待续……

【案例四】

小侯同学，我们班最聪明的同学之一，身兼数职、班级电教委员、学校电视台台长、运动会策划等。担任班级电教委员、策划运动会期间，他工作十分积极，但是高二下学期，就开始"找事干"，玩手机，利用午休时间去体育馆打羽毛球，利用周末假期在校自习时间跑到操场上打球，在宿舍里合伙夜里打三国杀，在教室上自习也坐不住，多次说话、睡觉、随便外出，组织纪律性非常差，学农期间违规使用手机……

学生的生活条件、家庭环境、成长过程往往是形成学生心理问题的主要因素。与家长及时、深入地沟通可以获得许多直接信息。于是，我和小侯的父母通了电话，了解到小侯小时候很听话懂事，进入高中后利用自己的小聪明边玩边学，经常钻空子，就是这样，依然考试成绩很突出。但在高手云集的地方，也有"翻船"的时候，6月月考，他成绩退步明显。我对小侯同学说，不努力就永远进入不了级部前100名。父母对小侯要求很严格，在家也经常批评教育，但很忙，没时间对他过多地管理教育。我跟他父亲再一次沟通交流，告知他高中三年很短，可能会影响孩子一生，希望在最后一年里，父母多参与到孩子的学习教育中来，要付出，现在的高考拼的不仅仅是学生个人的学习努力，还有家长的付出。我跟他说，在学校我们会尽力做，但不可能整天看着小侯同学，家长也表示一定配合学校做好督促。小侯同学表示尽量理解家长的辛苦和对自己的爱，遵守纪律，保持自律性，努力学习，争取期末考试取得好成绩。

努力与成功之间从来就没有等号。但是不努力、不拼，自然不会成功。如果你连胜利的执念都没有，不愿努力追赶学习好的同学，何谈成功？只要肯吃苦，学不下去的时候对自己说一句"再坚持一下"，就一定会有进步。小侯同学就是缺少毅力，需要在旁边多"敲打"。自律性有点差的同学，行动总与目标有点差距，但这些都是学习中的小插曲，需要的是这股劲头儿，因此我专门买了奖品鼓励他们继续努力。

通过六年班主任工作的历练，自己不再是那个一味蛮干的班主任，追求的是严而有度和有温度的班级管理。希望我的学生在今后的生活和工作中，把今天学到的应用于实践，无悔青春。我越来越感觉到教师这个职业的幸福感，特别是每到分别的时候，总有那么一些牵挂和不舍。当学生给你打电话报喜或者说出对你的爱和不舍时，都是对你工作的肯定，这也是班主任的幸福，当一位用心的班主任会更幸福。路漫漫，愿砥砺前行，无悔青春，坚定乐学，永不言弃！永远的高二12班，加油！

一枝独秀不是春，满园秀色春方来

青岛西海岸新区胶南第一高级中学　姚晓昕

　　当前，高中校园里存在着这样一种现象：优秀学生各自为营，单打独斗，不愿跟同学分享自己的成功经验。有的同学因羡慕和嫉妒其他同学的优异表现，加大了自己的学习焦虑。这种现象既不利于学生个人的长远发展，也会对班级的良性运行造成干扰。这种情况，我们可以归为团队精神弱化的问题。

　　李同学是家中独子，从小就被父母寄予厚望。他非常争气，考上了本地一所知名的高中，在班级中名列前茅，并在很多活动中表现出了很高的素质和潜力。高一时，他就代表学校参加了市级演讲比赛，拿到了一等奖的好成绩。他的能力老师和同学有目共睹。高二时，学校准备选派一支有实力的队伍参加市级国学经典诵读比赛，经过层层选拔，决定由他与其他两名优秀的同学组队，共同参加市级决赛。李同学担任队长一职，每人分别负责一个环节。团队在配合初期运行得比较顺利，但是随着比赛的临近，在选取诵读篇目的时候，却传出一些不和谐的声音。原来，之前的部分大家都是分别准备的，诵读环节需要三位同学同时上台，展示团队的配合能力。这时李同学和其他人在篇目选择上产生了一定的分歧。由于时间比较紧张，只能选择一个篇目进行重点训练。李同学想选用上次他参加市级比赛的篇目，毕竟他练过多次，胸有成竹。但当时是个人演讲，与这次的团队配合是不同的，若要选择其他篇目，李同学就需要进行一定的修改。团队成员就此事进行了专门的研讨，原本其他人认为这只是一个正常的讨论，没有想到李同学的心理却发生了微妙的变化。在讨论中，李同学并没有将重点放在说明自己方案的优势方面，而是一再强调自己是"队长"，其他人应当听从他的意见，他说："我才是队长，而且我获过市里的一等奖，在篇目选取上还是有经验的，应该按我的方案来执行。"他甚至以带有威胁的口气说道："不按这个方案走你们就自己弄吧，我退出！"这种论调让其他几人都大感意外，心里很不舒服，大家不欢而散。

团队精神是指团队成员自觉以团队的利益和目标为重，在充分发挥个人创造性的同时与其他成员团结协作，尽职尽责地为实现团队目的和利益而努力奋斗的意愿和作风。团队精神已经逐渐成为现代社会对人才的一项基本要求。

在理论研究方面，学界也普遍关注学生的团队精神弱化的问题。有学者认为，学生缺乏团队意识的主要原因在于三个方面：一是学生自身团队意识养成的缺失；二是学生人际关系不和谐；三是竞争压力下，学生对团队精神的忽视。案例中的李同学是当代高中生中团队精神弱化的代表，究其具体原因主要有以下三个方面。

第一，独生子女的自我中心意识膨胀。"自我中心"是一切以自我为中心，只看到和想到自己的利益和感受，很少考虑别人甚至不考虑别人的利益和感受；只希望别人关心、关照自己，而很少想到去关心、关照别人等。自我中心意识在独生子女身上的表现尤为突出。有学者指出，现代的家庭结构基本是子女一人，父母两人，祖父母、外祖父母四人。在这样的家庭结构中，作为独生子女的学生，自然成为关心和关照的中心。李同学是一名独生子，在其成长过程中由于父母对其寄予厚望，在家庭中一直处于中心地位。他在受到较多关爱的同时，没有养成为他人着想的习惯，在集体生活中也是以个人为中心。虽然他知识丰富，表现力强，但由于其自我意识膨胀，只是朝着个人素质不断完善的方向努力，因此在遇到矛盾和问题时不能够将个人的观点与团队的发展相结合，缺乏解决矛盾的主动性和习惯，从而导致团队中不愉快的发生。

第二，和谐处理人际关系的能力较差。处理人际关系的能力是人际交往能力的重要体现，是学业、事业成功的必备技能。良好、和谐的人际关系是团队精神产生、发展的前提和基础。在案例中，李同学等人是为了完成一个共同的目标而组建起来的团队，大家的目的都是相同的，即更好、更快地完成工作任务，只是在处理方式上存在不同的观点，但是，由于李同学处理人际关系的能力较差，他利用队长的职权，把个人观点强加给其他队友，这种强制性的做法势必影响到团队的和谐发展；而且在出现意见分歧时，他缺乏对其他团队成员的信任与尊重，只是从自己的角度考虑而一意孤行，导致团队氛围恶化；在矛盾出现之后，他作为队长没有与其他人主动沟通，而是消极地选择退出团队，完全没有考虑其他队员的想法与感受，进一步对别人造成了情感上的伤害。

第三，责任意识较为淡薄。责任是一种精神，更是一种品格。责任就是自觉地把自己分内的事做好的一种人生态度，善谋划是责任，肯干事是责任，解难题是责任，促进团队和谐也是责任。李同学明显表现出责任意识淡薄、置责不理、有责不担、背责而行等问题，没有意识到作为队长其自身的责任与义务，尤其是缺乏大局观念。这类学生因长期沉浸在家庭、老师的关怀中，虽在学习、活动方面有积极的进取意识，但因其认识水平的局限及社会交往知识的匮乏，不能把团队责任和个人责任统一起来，暴露出过分强调自我得失的人格缺陷，在责任意识方面有所欠缺，摆不正个人与团队的关系。

团队精神是团队成员共同认可的一种集体意识，是团队成员共同价值观和理想信念的体现，也是凝聚团队、推动团队发展的精神力量。在这个趋向多元化的时代，团队精神教育对于高中生人文精神的树立和社会化进程具有十分重要的作用，作为班主任应当重视培养学生的团队精神。对于案例中的李同学来说，可以从以下几方面进行教育引导。

第一，重点培养协作能力。案例中李同学这类学生，往往其自身素质都是非常高的，因此班主任应当对其进行重点关注，在引导其成长发展过程中，重点培养其协作能力。团队精神的基础是尊重个人的兴趣和成就，核心是协同合作，最高境界是全体成员具有向心力、凝聚力，反映的是个体利益和整体利益的统一，从而保证组织的高效率运转。在日常学习生活中，班主任可以让这类同学多参与团体活动，一方面，在对他个人发展提出要求的同时，也对他所在的团队提出一个需要共同努力才能完成的目标，使其认识到"能力越大，责任越大"；另一方面，设置需要团队成员共同配合才能完成的任务，使其在完成任务的过程中切实体会到团队精神能够进一步激发个体的力量，感受团队精神的可贵之处，从而建立个人与团队间的和谐关系。

第二，培养其担任学生干部的能力。学生干部是学生群体中的重要组织者和管理者，担任学生干部可以培养学生的责任意识和锻炼人际交往能力等，在不影响正常学习的前提下，可以让其担任学生干部，如班级的学习委员、学生会的组织部部长等职务。通过学生干部的工作，培养其为同学、为团队成员主动服务的意识，并使其在承担团队发展的责任下，主动思考如何提升团队的凝聚力、建设团队文化等问题，自觉养成责任意识。在学生干部的实际工作中，引导他们清晰认识到自我意识的增强和自我价值的发挥是团队目标实现的必要条件，但个体的自我创造必须以对团队利益的自觉认同为前提，在潜移默化中增强其团队精神。

第三，在团队发展中引入良性竞争机制。一个团队想要健康发展，不仅需要团队成员的密切配合，还需要合理的竞争。可以说，良性竞争是一个团队得以持续发展的重要法宝。竞争并不是攀比，更不是抬高自己、轻视别人，而是在互相追赶、超越的过程中，在挖掘自身潜力的同时也认识到他人的优点，从而更好地挖掘自身的创新能力。对于案例中的李同学，应当在他的团队中引入良性竞争机制，在面对选择的关键时刻，不是谁当队长谁就有权力选择哪一个方案，而应通过合理的研讨、辩论等形式，选择最科学的方案予以实施，使其意识到团队中并不能只是自己一枝独秀，而应当发挥各自的优势，共同为团队目标服务。

以"乐为、敢为、有为"之心铸就人生

青岛西海岸新区胶南第一高级中学　姚晓昕

不知不觉自己做教师工作已近四年，四年内接手了三批学生，有初中生也有高中生，虽然学生们的个性特点和认知结构不尽相同，但作为班主任，我认为只要有一颗乐为、敢为、有为的心，无论怎样陌生或困难的工作，我们都可以圆满完成。班主任的工作中，辛苦与快乐、烦琐与充实、烦恼与幸福相伴相生。这段经历，为我描绘了一幅生动斑斓的人生画卷。

一、乐而为之：陪伴是最长情的告白

亲子之间是血浓于水的自然亲情，师生之间是后天养成的深厚情谊。这种情谊可能源自教师帮助学生解决生活的困难、帮助学生解决学习的难题或是给予学生一个灿烂的微笑。这些皆归因于陪伴。嗷嗷待哺的婴儿需要陪伴，十七八岁的学生也需要陪伴。陪伴不仅是一种责任，更是一种关怀与温暖。

根据工作安排，我工作的第一年是在初中学校顶岗。还记得在初中工作时，发生了一件令我记忆深刻的事情。当天早上，我还是跟往常一样，到校后先观察学生到位情况，在规定到校时间过后，我发现还有一位女生未到校。我第一时间联系了其家长，交流情况。家长感到很吃惊，意识到孩子早上没有到校，而是偷偷溜出去了。在与家长沟通后，我及时上报级部，向学校反映学生情况，之后在学校和家长的配合下，我们终于找到了这个学生。事后与学生交流，我了解到孩子是因为父母生二胎，心里有些压抑，这才想外出散心。经过这件事，我发现交流和陪伴对学生来说是如此重要，我乐而为之。

第一年在初中工作时，我白天以教室为办公室，只要自己有空，就会在班级后默默观察每个学生的课堂表现，据此及时与家长沟通交流，无缝对接，通过与学生一起制订学习计划，帮助孩子进步。第二年到了高中工作，我每天早上的小早读我会到教室，绕着教室缓缓走一圈，了解每个学生的状态。观察一遍后，将学生的学习状态拍视频发到家长群，并附上一句针对学生昨天表现的激励语。作为班主任，我有更多的时间与学生交流。每个午休和晚休前，我会去男生、女生宿舍走一走，跟他们聊一聊。我们交流的话题很简单，可能是今天班级里发生的一件小趣事，也可能是餐厅的饭菜可不可口等。我相信，每天的简单交流可以让我们彼此更加了解、更加团结，也可以防微杜渐，及时解决可能出现的问题，这样会更有利于班级的管理。

二、敢为人先：创新是引领发展的第一动力

当今世界，经济社会发展越来越依赖于理论、制度、科技、文化等领域的创新。谁在创新上先行一步，谁就拥有了引领发展的主动权，我们必须把发展基点放在创新上。在学生培育方面，我始终坚持学生培养中思想先行的方针。作为班主任，在接手一批新生后，如何凝聚班级力量构建新的班集体，是我首先考虑的问题。

在高一上学期，借助军训契机，我邀请军训教官为学生讲话，激发学生的斗志，塑造学生的坚韧品格，打造"王者五级"口号。军训结束后，每位学生将"王者五班"的口号融入骨骼和血液里，增强了班级的凝聚力和向心力。团结出凝聚力，团结出成绩。在各项活动中，我们班都能团结一致，凝聚向前。在学期末评比中，我们班获得"先进班集体"称号。

在高一下学期，借助主题班会——"向双一流大学进发"，我提出对于

班级发展理念的构思——打造"双一流"班级，即"学习一流，常规一流"的班级，得到全体学生的热烈响应。他们对此表现出积极的态度，并表示自己愿意为班级献出一份力。在学雷锋活动中，我们班荣获"雷锋团支部"称号；在第六届"春天送你一首诗"活动中，由我班学生原创并参演的《弘文辞》获得一等奖第一名。各项荣誉的取得，皆归因于学生积极争取集体荣誉的热情。

三、奋发有为：奋斗是青春最亮丽的底色

"自信人生二百年，会当水击三千里。"民族复兴的使命要靠奋斗来实现，人生理想的风帆要靠奋斗来扬起。作为一名班主任，我们要把爱渗透在自己的教育过程中，不吝惜自己每一句爱的语言和每一个善意的微笑，不在乎自己为学生做的每一件微不足道的小事！我相信，给学生一个微笑，他们会给我们一个明媚的春天。

从我个人角度来看，我总是保持着乐观的心态、积极的进取心，除了认真研究教学外，我还积极参加学校各项活动，比如带领学生参加青岛市高中生辩论赛，参加区教职工运动会。只要是自己力所能及的，我都会尽力去做。因为我想通过自己的努力向学生证明，只要肯努力、肯奋斗，就可以丰富自己的人生。

以参加辩论赛为例，我们学校是首次参加辩论赛，对于辩论赛的组织和指导就像是摸着石头过河，但因为学生参赛兴趣高、能力强，老师指导到位，学校领导重视，我们一路过关斩将，跻身青岛市辩论赛八强。每当我们学校辩论队获胜后，我都会跟同学们分享喜悦，借此调动他们的集体荣誉感，并为自己的奋斗目标而努力。

以乐为之心陪伴学生，以敢为之心创新工作，以有为之心提升自我，以培养德智体美劳全面发展的社会主义建设者和接班人为己任，以青春之我，奋斗之我，创青春之教育。

追寻艺术学科的价值

山东省青岛第二中分校　黄艳丽

美国国家教育科学院在对1999—2000学年度与2009—2010学年度的艺术教育进行对比研究时，做过一个有5万多本科毕业生参与的问卷调查。其中有一个问题是："什么知识最有用？"回答的结果颇为耐人寻味。毕业1—5年毕业生的答案是"基本技能"，毕业6—10年的回答是"基本原理"，毕业11—15年的结论是"人际关系"，而毕业16年以上的则提出"艺术最有用"。

这一调查，与其说是人们对自我成长经验的总结，不如说是这个时代对艺术教育越来越迫切的呼声。我作为艺术学院的首席导师（班主任），结合学校提出的"人尽其才，科尽其能，拓展边界，创造价值"十六字方针，根据学生们的实际情况，对学生管理能力、学习能力、思维能力和领导能力的培养重新进行深度思考，并在实践中探究艺术课程，拓展学科价值实现途径。

根据与学生的朝夕相处和问卷调查，我们艺术学院有近三分之一的学生有明确的专业方向，还有三分之一的学生有向艺术专业方面发展的想法。为了便于同学们更好地了解艺术专业的课程内容和发展方向，我对学生的管理与课程做了新的调整与规划。

一、日常管理中积极渗透艺术素养教育

以加强学生美育、提高学生审美情趣和文化艺术修养为重点，注重艺术

教育的普及和学生兴趣爱好的拓展，进而促进学生全面而有个性地发展。为已有专业方向的学生明确目标，为有从事艺术专业想法的同学从学院设置的课程中精挑细选，我和艺术老师们一起协作为他们开设了音乐鉴赏、声乐、书法、篆刻、绘画、泥塑、美术鉴赏等模块，让同学们能对艺术专业有更好的深层次的了解。

在书法课程的开发中，基于我校学生发展的需要，为更好地贴近学生们的年龄特点和实际水平，我根据课程三维教学目标的设计，对各种课程资源进行了尝试性的调整。探索适应现代书法教学的新模式、新内容，由浅入深，主要运用简单、典型、鲜明的对比式教学，课堂中选取名碑名帖，以理论知识、观察、临摹、创作相结合，从基础到提高再到拓展，教学形象直观，并辅以翔实的文字语言分析，循序渐进，步步深入，时时引导，挖掘和发展具有书法特长的学生，最终达到能让学生根据主题的设定尝试性地进行书法作品的自由创作。

课程主要包括点画与表现、结体与创作、鉴赏与批评和实践与探究四个单元，课时安排为18课时或36课时，学分为1个或2个，具体的内容框架如下。

基础部分——为学生提供书法的基础知识及技能。先是让学生对本门书法课程的纲要有简单的了解，熟悉书写的工具即文房四宝，能够大致了解书法发展史及汉字字体的源流，养成正确的书写姿势和良好的书写习惯。以在中国汉字演变历程中的几个代表性阶段的文字为主，对其点画特点和形式表现技法进行讲解和训练，着重解决笔法的基础问题，使学生感受不同字体的美。课时安排为7—12节。

提高部分——加强学生的书法鉴赏力、审美力和技法，引导学生学会观察和掌握书体结构的特点，训练基本间架结构写法，以此来感受汉字的形体美。这可使学生逐步提高热爱书法艺术的自觉性，让其在书法艺术教育的氛围中，进一步感受书法的艺术美；还应了解些书法创作的章法、题款、幅式等知识，通过反复临摹能较为充分地掌握其点画用笔方法，再根据给定的文字内容按照一定的幅式对作品进行书写。课时安排为5—10节。

拓展部分——全面且深入地引领学生继续探究和学习书法知识及技能。分两个环节。第一个环节是从书法作品的内涵、神采、意境等方面鉴赏古今重要书法家作品，让学生对书法发展的规律有所了解，从而提高个人的文化品位；第二个环节是开展书法艺术的临摹与创作训练，以临摹经典碑帖为主，注重基本书写技能的培养，整幅临摹，让学生掌握较为完整的创作技巧和方法，读、临结合，先读帖，再临帖，侧重于培养学生对字体结构、章法的观察力，提高学生的模仿力与领悟力，强调书法艺术的思想性、艺术性及趣味性。在教师的指导下，由学生根据自己个人的兴趣喜好，自主地选择一两本字帖进行临摹，较好地反映并表达出其对书法的认知与感受。在书法创作时适当与生活相结合，以我国传统节日或纪念日为契机，展开探究活动。课时安排为5—13节。

最后阶段为是学生组内进行作业的交流与讨论，做出评价，与同学分享，呈现出最佳的作品，通过书法作品展评，给予相应的学分，从而激发学生的内在潜能。课时安排为1节。

二、课程改革的推进使得课程资源的结构发生了重要性转变

国家课程、地方课程、校本课程交相辉映，学校成为课程开发与建设的主场，而教师则成为校本课程开发的主体，这种"赋权"无疑会极大地满足教学一线的实际需要，提高教师课程开发的热情，同时更大程度地满足学生多样化发展的需要。

校本课程的开发成为一项具有持续性的特色教学活动，在校本课程的开发与研究中，要切合实际地制定和实践教学的基本策略，注重从视觉感受到思维引导再到实践体验，使学生享受更为全面充分而有个性的教学，从而提升文化素养和道德情操。陶艺、世界艺术鉴赏、微电影的设计与制作、创意油画、创意版画等课程，重在突出文化艺术修养和能力特长培养。

陶艺课程具生成性，陶艺本身是一种生生不息的永远都在创新、变革和发展的艺术，陶艺活动中，创作者对作品不断改进，新的构思不断生成，

方法和效果不断被发现，学生的认识和体验也不断地加深。陶艺活动具自主性，在活动中应充分尊重学生的兴趣、爱好，教师只对其进行必要的指导，不干扰学生的思维，不用自己狭隘的个人喜好影响、控制、约束学生。

陶艺的教学内容不应仅仅停留在本学科上，其实它和很多学科都是有关联的，甚至是密切联系的。可以结合语文、历史、音乐、建筑学科内容进行陶艺创作，共同设计布置学生陶艺作品展览或美化教室、办公室、校园、家庭环境。在这个过程中我们可以给学生渗透历史、文学、数学、物理、化学、美学等相关的知识，让学生对陶艺的认识不仅仅停留在作品的表面上，而是可以更加直观、客观、全方位地去感受我们的陶艺文化和历史。

三、重视学生艺术专业能力发展和培养

素质教育的最终目的在于充分开发和激活人体自身的各种潜能，使之成为具有较强的综合能力、分析理解能力和创造能力的综合型人才，核心是促进学生全面和谐发展，同时发展个性特长，依据学生的条件、兴趣及潜力培养其一技之长可能会对他们的一生产生重大的影响。着眼于未来社会对人才的需要，我非常重视发挥学生的专长，为学有余力的学生提供施展才能和提高才能的广阔空间，实施步骤如下。

第一阶段：选拔学生，确定培养目标与方法。

工作重心定位在加强美术教学工作的规范性、提高教学效率及特长生培养制度的可操作性上，这段时间教师从自己的日常教学工作中选拔有专长及发展潜力的学生作为初步的培养对象。依据具体情况确立培养目标与培养措施，并初步实施计划。

第二阶段：具体实施和完善阶段。

培养出类拔萃的学生，使他们在原有基础上不断进步。积极组织他们参加各种比赛并能取得优异成绩，使学生勇于展现自己的能力，有良好的道德和心理意志品质。

第三阶段：形成良好的育人氛围。

通过以上工作使学校形成良好的育人氛围，涌现出越来越多的具有美术专长的多才多艺的学生。主要措施如下。

（1）创设适合学生自主发展的环境和氛围：给学生自由的发展空间，教师应根据学生自身情况及时给予学生合理的建议和意见。

（2）开展丰富多彩的活动：在活动方式上，从学院活动（文艺会演等学院组织的活动）到校级活动（校级兴趣小组等），广泛开展艺术教育活动。按照教学有特色、学生有专长的思路，突出艺术教育的位置，本着普及和提高的原则，在加强美术课堂教学的同时，充分开展第二课堂活动，开设美术、书法等兴趣小组。

以培养学生的创新精神和实践能力为主线，注重学生多种能力的培养，不断加强和完善各种艺术特长生的培养措施，促进学生个性和特长的充分发挥；真正确立等级加特长的评价方式，彻底改变教育教学观念，特别是不以学生的学习成绩作为评价学生的唯一标准。

四、学生社团是校园文化建设的重要载体

通过动漫社、摄影社、绘画社、书法社丰富多彩的活动，开阔学生视野，陶冶学生情操，启迪学生思维，发展学生个性特长，全面提高学生素质。同时，活跃校园生活，促进学风和校风的优化，推动校园精神文明建设。

在开展社团建设时，我在充分挖掘校内资源的基础上，借助外部资源，邀请职业学校专业课教师及社会各界有专长人士也加入社团辅导教师的队伍中来。

五、艺术课程开展研究性学习

新课程体系重视人的发展，强调学生的全面发展。传统教育中，以课堂书本知识的传授为主的教育方式当然不可能完成这些任务，而研究性学习课程强调在体验和实践中学习，恰好可以实现这个目标。

通过折扇文化、中西方建筑、民间美术、剪纸这些美术研究性学习课题的确立，引导学生主动探索艺术学科的真正内涵，树立正确的艺术观念，理解艺术美与生活美的联系，使学生在主动参与中展现他们的个性和创造才能。理解艺术学科的广延性，关注艺术作品中的文化现象，激发学生的潜能。运用丰富多样的艺术实践活动培养学生共同参与的群体意识和互相尊重的合作精神。

六、准确定位，特色发展

学科特色创建活动的开展，是学校发挥育人优势、丰富育人内涵、拓宽育人渠道、创造育人环境的有益尝试。在创建学科活动中，要根据美术学科的特点，以立足普及、鼓励参与、注重实效为原则，创设有特色的学科教学及教育新模式。创建活动可以内容各异、形式多样，要勤于实践，易于组织。

（1）学科特色总体定位：美术——以美育人，以美启真。

（2）学科特色建设的步骤内容：① 提高认识，明确目标，增强自觉性。② 制订学科特色建设工作计划，做到特色教学工作有条不紊。③ 通过课堂摸清学生基本情况，做到因人而异，因材施教。④ 根据学生情况循序渐进。先让学生掌握基础知识，打下良好的理论基础。⑤ 提升教师的专业素养，教师只有不断学习、不断提高才能在专业教学的过程中教好学生。⑥ 总结提高。在特色项目实施过程中要善于总结，分享好的经验方法，改进不足的地方，使特色教育能够稳步推进。⑦ 落实推广。为进一步巩固特色教育并全面推广，应该开展多种多样的特色活动，通过活动让特色向更深的层次发展，对表现优异的学生要定期表彰奖励，使特色教育更具有活力与生命力。

七、比赛纷呈，成长迅速

我也积极投身于全国及青岛市头脑奥林匹克竞赛、科技节比赛，在教与学的历练中不断地成长。在青岛市中小学生科技节之头脑挑战赛"未来青岛"项目中，我带领着学院的六位同学，从设计构思到修改创新不断完善，荣获两个一等奖、三个二等奖、一个三等奖。经过多次比赛，我也充分认识到教师的专业水平决定了将学生带领到哪一个知识层次，因此必须不断更新自己的知识体系，要不停地学习、学习、再学习！

八、专业讲座，提升教育素养

诚挚邀请书法专家进校进行书法讲座，讲授内容包括远古的结绳记事、历代书法文化的发展传承、笔墨纸砚常识等，还穿插了人文故事阐述书法的地位、不同时代人们对书法的依赖与追求。专家对书法进行专业分析，在讲解字的间架结构时，有针对性地指出学生书写中存在的问题，结合现在高考的书写规范要求，重点指导了汉字的结构，内容紧贴实际，形式直观生动，语言诙谐幽默。

通过书法讲座，专家引领同学们走进神奇的汉字世界，阅览汉字历史，体味书法神韵，让大家体味到了中华民族传统文化的精髓之一，感受到了中国传统艺术的博大精深。

在美术高考竞争越来越激烈的今天，如何在众多的考生中脱颖而出，考入自己理想的大学，是广大家长和学生最关心的事情。我们聘请艺术高考专家就我校部分艺术生关心的问题进行讲解和答疑，让学生在美术专业和文化课学习中少走弯路、少花冤枉钱，以最有效的学习方式在美术高考中取得成功。

综上，在学科教学中，我们要始终抱有教育情怀，在五光十色的学科价值画布上涂抹教育价值的底色，从学科知识到思维、方法、路径，再到思想、理念（哲学）、价值，以一种润物无声、浑然天成的方式统一到学生的生命中去，实现最终的教育目标。